本书受教育部人文社会科学研究青年基金项目"政府治理模式转型背景下我国学前教育管理体制改革研究"（项目批准号：13YJC880014）资助

Research on the Reform Direction and System Design of Preschool Education Administration Perspective of the Transformation of Government Model

学前教育管理体制改革的方向与制度设计

基于政府治理模式转型的视角

范明丽 ◎ 著

科学出版社

北 京

内 容 简 介

本书在政府治理模式转型的大背景下建构理论分析框架，较为系统地梳理了我国学前教育管理体制改革的历程，深入分析了我国学前教育管理体制存在的政府职责定位不清晰、职能转变不到位、各级政府与政府各部门之间权责划分不尽合理、管理机构和人员设置不健全、督导制度不完善等问题。基于国际比较和地方经验研究，本书提出要全面理顺政府与市场的关系，明确强化政府主导责任；明确各级政府责权关系，整体提升责任主体重心；全面理顺相关部门职责，建立"政府牵头、教育部门为主"的联席会议制度；健全组织管理机构，合理配备管理人员；完善行政决策机制，整体提升幼教行政部门地位，实现专业化管理；健全督导评估体系，保障行政部门切实履职。

本书可供教育法律与政策制定者、学前教育行政管理人员、学前教育研究者、学前教育实践工作者以及大专院校学前教育专业的师生参考。

图书在版编目（CIP）数据

学前教育管理体制改革的方向与制度设计：基于政府治理模式转型的视角／范明丽著. —北京：科学出版社，2021.6
ISBN 978-7-03-062381-2

Ⅰ. ①学… Ⅱ. ①范… Ⅲ. ①学前教育-管理体制-教育改革-研究-中国 Ⅳ. ①G619.21

中国版本图书馆 CIP 数据核字（2019）第 208700 号

责任编辑：朱丽娜　高丽丽／责任校对：彭珍珍
责任印制：李　彤／封面设计：润一文化

科学出版社 出版
北京东黄城根北街 16 号
邮政编码：100717
http://www.sciencep.com

北京虎彩文化传播有限公司 印刷
科学出版社发行　各地新华书店经销
*
2021 年 6 月第 一 版　开本：720×1000　1/16
2021 年 6 月第一次印刷　印张：11 3/4
字数：215 000
定价：88.00 元
（如有印装质量问题，我社负责调换）

前 言

　　学前教育管理体制有宏观和微观之分，本书主要探讨宏观层面的学前教育管理体制，即学前教育行政管理体制。这个意义上的学前教育管理体制隶属于公共管理的范畴，包括国家组织领导和管理学前教育事业的基本体系、工作制度及其动态运行机制，它既是我国教育体制和教育管理体制的重要组成部分，也是国家行政体制中不可或缺的一环，更是学前教育体制的核心。长期以来，由于对学前教育的重要性认识不足，我国在行政管理体制和教育管理体制改革的过程中，没有充分考虑到学前教育事业发展的需要。这导致当前我国学前教育管理体制存在一些问题，这些问题已经成为制约我国学前教育事业健康、有序、可持续发展的体制性障碍，亟待解决。

　　在对国内外已有相关研究进行全面分析的基础上，本书以"政府主导"发展学前教育为切入点，以公共服务型政府理论为基本视角，在政府治理模式转型的大背景下建构理论分析框架，坚持理论探讨与实证分析相结合、个案剖析与规律探讨相结合的研究思路，综合运用文献法、访谈法、个案法等研究方法，较为系统地梳理了我国学前教育管理体制改革的历程,深入分析了学前教育管理体制改革的现状、问题,并对其主要影响因素进行了剖析。在此基础上,本书借鉴国际经验和我国地方改革探索的经验,力图科学地把握我国学前教育管理体制改革的基本方向,并进行宏观、顶层制度设计,以有效推进我国学前教育管理体制改革。

首先,本书从公共行政管理研究的基本主题"公共供求关系"入手,对其基本理论——公共产品理论和公共管理理论的发生、发展过程和基本观点进行了分析和梳理,并重点提出公共服务型政府是政府治理模式转型的终极目标和基本模式,是我国行政管理体制改革的重要内容。在此基础上,本书分析了学前教育作为一种公共性日趋增强的准公共产品,需要"政府主导"保障其供给,并进一步以公共服务型政府建设为基本视角,建构了政府治理模式转型背景下我国学前教育管理体制改革研究的分析框架。

其次,本书从我国行政体制和教育体制的变革入手,对我国学前教育管理体制改革的过程及其内在演变逻辑进行了梳理和分析。在此基础上,本书对当前我国学前教育管理体制改革存在的主要问题进行了概括和分析,发现当前我国学前教育管理体制改革未能与财政体制和教育体制改革相配套,存在着政府职责定位不清晰、职能转变不到位、各级政府与政府各部门之间权责划分不尽合理、管理机构和人员设置不健全、督导制度不完善等问题,已经成为制约我国学前教育事业健康、可持续发展的体制性障碍。在分析问题的同时,本书还进一步剖析了影响和制约学前教育管理体制改革的内外部因素,并提出随着我国政府职能转变、财政体制改革,以及多种形式扩大学前教育资源的要求，学前教育管理体制改革面临着整体提升责任主体重心，进一步明确政府相关部门权责划分等挑战。

再次，本书对国外和国内学前教育管理体制改革的经验进行了总结。一方面，采用国际比较的方法对世界主要国家学前教育管理体制改革的有益经验进行了提炼和概括，发现世界各主要国家学前教育管理体制改革都存在着均权化、民主化、科学化和专业化等趋势，并着力明确和强化政府在学前教育事业发展中的重要职责，明晰各级政府的职责分工，确立相关部门的职责，并建立跨部门、高层级的协调合作机制。尤其是当前世界许多国家的相关法律法规都明确了各级政府及其相关职能部门在促进学前教育事业发展中的职责，并且这些职责还有进一步强化的趋势，从而切实保障和推动了其学前教育事业的稳定、健康发展。另一方面，本书基于当前我国不同地区学前教育管理体制改革探索的实际情况，以行政区划层级、经济社会发展水平，以及学前教育管理体制改革的主要模式为依据，分别选取了省级、市级和县级各一个研究个案，力图通过"解剖麻雀"式的分析，对这些个案研究中的学前教育管理体制改革的背景与逻辑、主要举措、成效与问题等进行深入研究，从而为探寻我国学前教育管理体制改革的基本方向与路径提供符合国情和切实可行的建议。

最后，在进行历史研究和现状分析，以及对国际经验进行总结和对地方经验进行剖析的基础上，本书对我国学前教育管理体制改革的基本方向进行了分析，认为当前我国学前教育管理体制改革的基本方向应该是促进公平、保障质量，明确政府主导责任，实现政府职能转变，实现绩效管理，并充分考虑基本国情，分阶段、分区域逐层推进。

为了破解当前我国学前教育管理体制改革存在的主要问题，在科学把握学前教育管理体制改革基本方向的基础上，本书还从六个方面对我国学前教育管理体制改革进行了宏观的制度设计，并提出了可操作性的改革建议：①全面理顺政府与市场的关系，明确并强化政府主导责任；②明确各级政府的责权关系，整体提升责任主体重心；③全面理顺相关部门职责，建立"政府牵头、教育部门为主"的联席会议制度；④健全组织管理机构，合理配备管理人员；⑤完善行政决策机制，整体提升幼儿教育行政部门的地位，实现专业化管理；⑥健全督导评估体系，保障行政部门切实履职。

范明丽

目 录

前言

第一章 绪论 ……………………………………………………………… 1
    第一节 我国学前教育管理体制改革研究的必要性和迫切性 …………… 2
    第二节 我国学前教育管理体制改革的已有研究基础 …………………… 9
    第三节 我国学前教育管理体制改革的研究问题与研究意义 ………… 31
    第四节 我国学前教育管理体制改革的研究思路与研究设计 ………… 34

第二章 理论分析框架 ………………………………………………… 46
    第一节 研究的理论依据:公共产品理论与公共管理理论 …………… 46
    第二节 研究的基本视角:公共服务型政府 …………………………… 53
    第三节 研究的分析框架 ………………………………………………… 58

第三章 我国学前教育管理体制的改革历程与未来走向 ……………… 61
    第一节 我国学前教育管理体制的改革历程 …………………………… 61
    第二节 我国学前教育管理体制的问题、影响因素、新进展及挑战 … 71

第四章 学前教育管理体制改革的国际经验及其启示 ………………… 88
    第一节 明确学前教育的性质,提升定位,强调国家学前教育战略 … 90

第二节　明确并不断强化政府在发展学前教育事业中的主导责任……… 93

第三节　明确并强化中央政府在发展学前教育事业中的重要职责……… 96

第四节　明晰地方政府基本职责，各层级政府权责配置日趋合理……… 102

第五节　理顺学前教育主管及相关部门职责，完善跨部门协作机制……… 106

第五章　我国学前教育管理体制改革的地方探索及其启示……… 112

第一节　H省学前教育管理体制改革探索……… 112

第二节　S省W市学前教育管理体制改革探索……… 120

第三节　B市M县学前教育管理体制改革探索……… 128

第六章　学前教育管理体制改革的基本方向与制度设计……… 139

第一节　当前我国学前教育管理体制改革的基本方向……… 139

第二节　当前我国学前教育管理体制改革的制度设计……… 145

结语……… 161

参考文献……… 163

后记……… 176

第一章
绪　论

　　学前教育是终身学习的开端，是国民教育体系的重要组成部分，是重要的社会公益事业。学前教育不仅对于个体身心全面健康发展，而且对于义务教育质量提升、国民素质整体提高和经济社会长远发展均具有极其重要的奠基性和先导性作用，受到社会广泛关注及党和政府的高度重视。2018年11月，《中共中央 国务院关于学前教育深化改革规范发展的若干意见》开宗明义地指出："办好学前教育、实现幼有所育，是党的十九大作出的重大决策部署，是党和政府为老百姓办实事的重大民生工程，关系亿万儿童健康成长，关系社会和谐稳定，关系党和国家事业未来。"[①]

　　2010年，《国家中长期教育改革和发展规划纲要（2010—2020年）》颁布前，曾向社会各界广泛征集意见，当时采用了三种征集意见的方式（电话、电子邮件和实体信），在三种方式反馈的意见中，排名均居前三位的只有一个，即"入园难、入园贵"。2010年12月1日，在全国学前教育工作电视电话会议上，中共中央政治局委员、国务委员刘延东说道："胡锦涛总书记明确指示，学前教育是重要的民生工程，要在贯彻落实教育规划纲要时，把发展学前教育作为突破口，首先解决入园难问题。温家宝总理要求，制定切实可行的规划和措施，大力发展学前教育，作为贯彻落实教育规划纲要的一项紧迫任务。"[②] 近年来，我国学前教育事业虽然取得了较大发展，但总体来看学前教育仍是整个教育体系中突出的短板，特别是2016年自"全面二孩"政策实施以来，我国的学前教育

---

① 中共中央 国务院关于学前教育深化改革规范发展的若干意见［EB/OL］. http://www.gov.cn/zhengce/2018-11/15/content_5340776.htm［2019-08-12］.
② 国务委员刘延东就发展学前教育工作提三点意见［EB/OL］. http://www.gov.cn/wszb/zhibo419/content_1757325.htm［2012-12-01］.

资源尤其是普惠性资源更显不足。

"全面二孩"政策实施以来，我国的人口出生率并未获得预期增长，其中一个重要的原因可能是家庭育儿成本较高，社会却未能对此提供充足的支持。长期以来，由于对学前教育重要性的认识不足，我国在行政管理体制和教育管理体制改革的过程中没有充分考虑到学前教育事业发展的需要，导致学前教育管理体制存在一些问题。例如，政府对学前教育的职责定位不够清晰、职能转变不到位，各级政府及政府各部门之间的权责划分不尽合理，管理机构设置和人员配备不健全等，已经成为制约我国学前教育事业发展的突出问题，亟待进一步解决。随着我国经济社会的发展，宏观政策形势的变化，以及行政管理体制、财政管理体制和教育管理体制改革的推进，学前教育管理体制面临前所未有的挑战，在科学把握社会发展趋势，全面掌握学前教育管理体制改革基本方向的基础上，对学前教育管理体制进行顶层设计，稳步推进改革，已经成为当务之急。

第一节 我国学前教育管理体制改革研究的必要性和迫切性

学前教育管理体制在当前我国学前教育体制机制改革中处于核心位置，是保障学前教育健康、有序、可持续发展的关键。当前，我国学前教育管理体制存在诸多问题，成为制约学前教育事业发展的体制性障碍，改革势在必行。在我国政府治理模式转型的大背景下，努力构建公共服务型政府成为政府改革的总体要求，加之当前我国学前教育管理体制改革的系统性研究匮乏，因此对我国学前教育管理体制改革进行研究非常必要和迫切。

一、学前教育管理体制是实现政府职能、保障学前教育事业健康发展的关键

学前教育管理体制包括国家组织领导和管理学前教育事业的基本体系、工作制度及其动态运行机制，既是我国教育体制和教育管理体制的重要组成部分，也是国家行政体制中不可或缺的一部分，是学前教育体制的核心。事业发展的

关键在于组织保障，学前教育管理体制在我国学前教育事业发展中起着领导、组织、协调、监控、保障、推动等重要作用，是保障政府切实履行发展学前教育职责的必备条件和保障学前教育事业健康发展的关键。《国家中长期教育改革和发展规划纲要（2010—2020年）》指出，要"把改革创新作为教育发展的强大动力"[1]，认为教育发展的根本出路在改革，而体制机制改革则是发展的重点领域。2010年底，国务院两次召开常务会议，专门研究部署发展学前教育的政策措施，并出台了《国务院关于当前发展学前教育的若干意见》，将"完善工作机制，加强组织领导"[2]作为一项重要的工作来抓。刘延东在全国学前教育工作电视电话会议上提出的三点意见中，就包括"加强领导，精心组织，把各项任务落到实处"[3]。2018年，《中共中央 国务院关于学前教育深化改革规范发展的若干意见》也明确提出："坚持政府主导。落实各级政府在学前教育规划、投入、教师队伍建设、监管等方面的责任，完善各有关部门分工负责、齐抓共管的工作机制。牢牢把握公益普惠基本方向，坚持公办民办并举，加大公共财政投入，着力扩大普惠性学前教育资源供给。"[4]可见，学前教育管理体制在实现政府管理职能，保障学前教育事业健康、有序、可持续发展方面起到了至关重要的作用。

首先，学前教育管理体制领导和指挥着学前教育事业的发展，并为学前教育事业发展提供了法规和制度保障。制定教育规划和目标，并通过法规保障和政策引导来推动教育事业发展，是各级政府及教育行政部门的重要任务，在学前教育事业发展中，科学规划和依法治教为其发展指明了方向，并奠定了法规和制度基础。其次，教育行政组织机构体系设置及其权责划分是国家发展教育并有效实现政府管理职能的操作化和具体化措施。学前教育管理体制的建立和完善可以使得各级政府及相关职能部门在分工协作管理学前教育的基础上提高效率，保障学前教育事业在国家的领导下健康、快速发展。再次，学前教育行政管理是在明确、强化并不断落实政府发展学前教育职责的基础上，对人、财、

---

[1] 国家中长期教育改革和发展规划纲要（2010—2020年）[EB/OL]. http://www.moe.gov.cn/jyb_xwfb/s6052/moe_838/201008/t20100802_93704.html [2019-08-12].
[2] 国务院关于当前发展学前教育的若干意见 [EB/OL]. http://www.gov.cn/zwgk/2010-11/24/content_1752377.htm [2019-08-12].
[3] 国务委员刘延东就发展学前教育工作提三点意见 [EB/OL]. http://www.gov.cn/wszb/zhibo419/content_1757325.htm [2012-12-01].
[4] 中共中央 国务院关于学前教育深化改革规范发展的若干意见 [EB/OL]. http://www.gov.cn/zhengce/2018-11/15/content_5340776.htm [2019-08-12].

物等教育资源进行合理配置和规范管理的过程。在此过程中，依法发挥行政管理的规制作用，并遵循管理规律、实现绩效管理是推动学前教育事业发展的核心和关键。最后，督导评估是学前教育管理体制的重要组成部分。督导评估体系具有双重功能：一方面，它是学前教育管理体制改革的重要目标和内容；另一方面，它也是学前教育管理体制改革的重要保障。督导制度包括督政和督学两个方面，其中加强督政是保障各级政府和政府各部门切实履职，保障学前教育事业健康、稳定和可持续发展的关键。

二、当前我国学前教育管理体制存在诸多问题，成为制约学前教育事业发展的体制性障碍

2010年7月，《国家中长期教育改革和发展规划纲要（2010—2020年）》确立了"基本普及学前教育"的战略目标，并明确要求"积极发展学前教育，到2020年，普及学前一年教育，基本普及学前两年教育，有条件的地区普及学前三年教育"[①]。2018年11月，《中共中央 国务院关于学前教育深化改革规范发展的若干意见》进一步明确提出："到2020年，全国学前三年毛入园率达到85%，普惠性幼儿园覆盖率（公办园和普惠性民办园在园幼儿占比）达到80%。广覆盖、保基本、有质量的学前教育公共服务体系基本建成，学前教育管理体制、办园体制和政策保障体系基本完善。"[②]在学前教育普及发展过程中，充分发挥政府在学前教育发展中的"舵手"和"催化剂"等关键职能；理顺条块关系，明确各层级政府之间和政府各部门之间的权责划分；加强督导评估，保障政府切实、高效履行发展学前教育的职责等措施，对于促进学前教育均衡、普及发展至关重要。由于对学前教育的重要性认识不足，我国学前教育管理体制改革远远滞后于行政管理体制改革和教育管理体制改革。在改革过程中，后两者没有充分考虑到学前教育事业发展的需要，导致学前教育管理体制未能与时俱进，存在一些问题，成为制约学前教育事业健康发展的体制性障碍。第一，各级政府间职责定位不明确，权责配置的随意性大。首先，全国性的学前教育法律法规缺位。其次，地方政府间权责错位严重，责任主体重心过低。分税制财政体

---

① 国家中长期教育改革和发展规划纲要（2010—2020年）[EB/OL]. http://www.moe.gov.cn/jyb_xwfb/s6052/moe_838/201008/t20100802_93704.html [2019-08-12].

② 中共中央 国务院关于学前教育深化改革规范发展的若干意见[EB/OL]. http://www.gov.cn/xinwen/2018-11/15/content_5340776.htm [2019-08-12].

制改革规定了中央与省级财政的关系,但对省与市、市与县、县与乡镇的财权和事权分配未做刚性规定,导致在学前教育管理中上级政府往往依靠其行政权力优势把责任推给下级政府,出现"上级请客、下级买单"(宋立,刘树杰,2005)的问题。第二,政府各部门间权责划分不明确,协同机制未建立,联席会议制度流于形式。2003年,《关于幼儿教育改革与发展的指导意见》明确提出"要建立由教育部门牵头、有关部门参加的幼儿教育联席会议制度"[①]。然而,这份文件并没有规定联席会议制度的层级,导致落实不到位。例如,中央和省级层面就没有充分落实这一政策,很多县级和乡镇级行政管理部门也没有建立联席会议制度。即使有的地方建立了该制度,但由于仅是由教育部门"牵头",缺乏更多层级领导机构的参与,导致联席会议的统筹力度削弱,教育部门无法有效统筹同层级其他行政部门的行动,工作成效低。第三,学前教育管理机构和专职管理人员设置严重缺位。现有政策文件对于学前教育行政管理机构和人员配置标准的规定宽泛且可操作性差,缺乏有关机构设置和人员配置数量、专兼职、行政归属、编制、资质和职责等方面的规定,对各地执行政策的指导性不强,这直接导致了学前教育管理机构和人员设置的随意性大、缺位严重的后果。第四,督导机构多隶属于教育部门,其督政的客观性和有效性不强。当前我国许多地区的督导机构属于教育行政机构的组成部分;还有部分地区的教育督导机构虽为政府下设,但设在教育局内,与教育局合用一班人马,属于"一个班子,两块牌子",导致督导尤其是督政的客观性、有效性不强,难以对政府普及责任的关键方面如政策制定、财政投入、领导管理等进行有效监督,不仅降低了督导评估的层次和效力,更无法从根本上解决领导和管理等核心问题。

需要特别指出的是,2001年,义务教育确立了"由地方政府负责、分级管理、以县为主的体制"[②]后,学前教育管理层级过低的问题越发凸显。由于没有明确各级政府管理发展学前教育的权责,没有明确具体应该由哪级政府承担主要责任及各级政府应该承担什么主要责任,多年来发展学前教育的职责由区县及以下部门即乡镇(街道)政府承担,而中央政府提供全国性学前教育法律法规、加强对中西部贫困地区和农村地区均衡发展的政策与财政支持,以及省级政府宏观统筹、促进省域内学前教育有质量、均衡发展的职责在一定程度上被

---

① 国务院办公厅转发教育部等部门(单位)关于幼儿教育改革与发展指导意见的通知[EB/OL]. http://www.moe.gov.cn/jyb_xxgk/gk_gbgg/moe_0/moe_9/moe_35/tnull_61.html [2019-08-12].
② 国务院关于基础教育改革与发展的决定[EB/OL]. http://www.moe.gov.cn/jyb_xxgk/moe_1777/moe_1778/201412/t20141217_181775.html [2019-08-12].

弱化，学前教育发展严重受损，不均衡问题突出。尽管自 2010 年以来国家有关学前教育的新政以及部分省市均对学前教育管理体制改革做出了一些新的尝试与探索，甚至提出了"国务院领导、省市统筹、以县为主"[①]的学前教育管理体制，然而在具体落实上仍然存在障碍，未从根本上理顺不同层级政府间、政府各职能部门间的关系，学前教育行政管理中的诸多问题并未得到根本解决。

三、构建公共服务型政府是政府治理模式转型的要求，是教育管理体制改革的方向

随着全球化、市场化的深化发展和知识经济时代的来临，西方各国都进入了公共部门管理改革尤其是政府管理改革的时代，政府改革的重心逐步从传统的如何保障经济社会安全向如何更好地提供公共服务转变。从治理目标上来看，政府治理模式逐渐从经济建设型政府向公共服务型政府[②]转变，从治理方式上来看，也逐渐从行政管制型政府向公共服务型政府转变。在西方政府改革浪潮的影响下，我国政府治理模式也发生了深刻的变革，建设公共服务型政府成为时代发展的必然要求。当前我国正在努力建设公共服务型政府，以适应经济与社会发展的要求，在此过程中，政府治理模式的转型主要表现在三个方面：从全能型政府向主导型政府转变；政府的运作方式发生明显变化；政府的权力开始逐步向下和向外转移（曾治，2008）。

需要说明的是，政府职能的转变并非削弱政府的作用，而是优化政府的结构和功能。在此基础上，我国政府治理模式转型的目标取向就是建设公共服务型政府。在世界各国政府治理模式转型的大背景下，我国政府的施政理念也发生转变，提出要"以人为本"构建"和谐社会"，从"以政府为中心"逐步转变到"以满足人民需求为中心"，构建公共服务型政府。这意味着政府需要从过去聚焦经济建设扩展到关注社会服务等更为广阔的领域。新形势下，政府行政体制改革的重点是加强和优化公共服务理念，转变政府职能，调整政府机构，以满足人民群众日益增长的社会公共需求。自 2004 年国务院总理温家宝明确提出

[①] 中共中央 国务院关于学前教育深化改革规范发展的若干意见[EB/OL]. http://www.moe.gov.cn/s5142/s6074/201811/t20181115_354964.html [2019-08-12].

[②] 公共服务型政府顺应了当前世界各民主国家强化政府公共服务职能的时代潮流，从其主要职能来看，与经济建设型政府相对应，从行政管理的主要手段来看，则与行政管制型政府相对应。

"建设服务型政府"[①]以来,党的十六大对政府职能做了四项界定,即经济调节、市场监管、社会管理、公共服务,明确了政府的公共服务职能;党的十七大要求"强化社会管理和公共服务",进一步强调了政府的公共服务职能;2012年,党的十八大在总结我国推进服务型政府建设经验的基础上,强调将政府职能转变作为核心,建设职能科学、结构优化的服务型政府;2013年,党的十八届三中全会提出"全面深化改革的总目标是完善和发展中国特色社会主义制度,推进国家治理体系和治理能力现代化",提升国家治理能力,并进一步明确了行政体制改革要以转变政府职能为核心。可以说,建构公共服务体系、提供公共服务已经成为我国政府职能转变的基本目标与定位,成为现代公共服务型政府最根本的职能。公共服务型政府是当前和今后中西方政府治理的基本模式,也是我国政府行政管理体制改革发展的目标和方向,为学前教育管理体制改革指出了方向。随着国内宏观政策形势的变化,我国在大力发展学前教育事业、不断扩大普惠性学前教育资源的过程中,管理体制掣肘突出,管理体制机制均面临着一定挑战。从长远来看,我国学前教育管理体制改革的基本方向应该是促进公平、保障学前教育质量,明确政府主导责任、实现政府职能转变,依据事权与财权匹配的原则配置政府权责、实现绩效管理。需要说明的是,由于我国地域广阔,各地情况不同,在实施过程中应该充分考虑各地的实际情况,分阶段、分区域稳步推进改革。

四、当前我国学前教育管理体制改革的相关研究匮乏,亟待加强

尽管学前教育管理体制改革在我国学前教育体制机制改革中处于核心位置,但是随着我国学前教育普及发展战略目标的提出,当前我国学前教育管理体制存在的诸多问题已经成为制约学前教育事业健康发展的体制性障碍。然而,当前我国学前教育管理体制的相关研究较为匮乏,且存在系统性不强、科学性不足等问题。从研究的数量和相关性来看,目前我国有关学前教育管理体制的研究主要散见于一些著作的章节和论文中。比较具有代表性的著作有庞丽娟主编的《中国教育改革30年·学前教育卷》,中国教育科学研究院学前教育发展

---

① 2004年,国务院总理温家宝在中央党校省部级主要领导干部"树立和落实科学发展观"专题研究班结业仪式上第一次正式提出"建设服务型政府",并在2006年政府工作报告中明确提出"努力建设服务型政府"。

报告课题组的《中国学前教育发展报告》,其对学前教育事业发展的政府职能和管理体制沿革进行了梳理和分析;中国学前教育发展战略研究课题组的《中国学前教育发展战略研究》对我国学前教育管理机构及其分工的发展沿革进行了梳理,并对当前我国学前教育管理体制的现状和问题进行了分析。笔者以1979—2018年为时间段,以幼儿教育和学前教育为主题,以管理和行政管理为关键词,对中国期刊全文数据库和中国硕博论文全文数据库进行搜索发现,尚无从宏观层面研究我国学前教育管理体制的学位论文,相关度较大的主要有5篇,其中陈登福的博士学位论文《中国基础教育管理体制改革研究》把中小学教育管理体制改革作为研究重点,但并没有专门提及学前教育管理体制;吕苹的博士学位论文《学前教育公共服务体制的建构》中的部分内容涉及了学前教育管理体制;谢云丽的硕士学位论文《农村学前教育管理体制研究:问题、改革探索与政策建议——以A县为例》、徐冬梅的硕士学位论文《县域学前教育行政管理体制问题研究——基于对重庆市三个区县的调查》和刘锦阳的硕士学位论文《县域学前教育政府行政管理问题研究——基于对D市三个县级市的调查》相关度较高,但主要以个案研究为主。有关宏观层面的学前教育管理体制及其改革的论文主要以庞丽娟、范明丽的《当前我国学前教育管理体制面临的主要问题与挑战》《"省级统筹 以县为主" 完善我国学前教育管理体制》《以县为主积极推进农村学前教育管理体制改革——当前我国农村学前教育管理体制改革的突破口》等为代表。其他相关论文有34篇,但从宏观层面论述学前教育行政管理体制的寥寥可数,且大多是一些地方性的案例研究,例如李琳、张霞的《农村学前教育普及中管理体制及其管理模式的地区适宜性决策——以四地农村个案调查为例》,周建平的《从"镇为主"到"县为主":农村学前教育管理体制的变革——基于对A县学前教育发展状况的调查》,杨利的《理顺街道办幼儿园管理体制 致力于区域学前教育均衡发展——一个区级学前教育管理体制改革的案例研究》,以及郭维平的《发达地区学前教育办学体制与管理模式的改革和发展——以浙江省嘉兴地区为例》等。其他相关论文主要集中在总的教育管理体制研究和除学前教育之外的各级各类教育管理体制上,内容比较零散,与本书研究的相关度较低。

国外学者基本没有关于中国学前教育管理体制的相关研究,有关中国教育管理体制和基础教育管理体制的研究也极少,相关研究主要集中在科层制、公共教育管理制度、教育的分权制等方面。例如,马克斯·韦伯对科层制的研究,布莱克和布坎南对公共选择理论的论述，詹姆斯·罗西瑙、让-皮埃尔·沙普尔、格里·斯托克和缪勒等对治理理论的阐释等。这类研究可以为我国学前教育管理体制改革的制度设计提供理论基础和分析工具。此外，卢娜博格、哈林格等也从不同角度论述了教育管理的内涵和原则，以及不同文化对教育管理体制的影响等问题。具体到学前教育管理体制方面，自1998年起，经济合作与发展组织（Organization for Economic Cooperation and Development，OECD）先后对19个国家和地区的学前教育进行了广泛的调查，其中涉及各国学前教育行政管理体制的内容，可以为本书研究提供一定的参考。

综观国内外学者的相关研究可以发现，研究我国教育管理体制和义务教育管理体制的比较多，专门研究学前教育管理体制的相对较少；研究幼儿园内部管理体制的较多，研究学前教育行政管理体制的相对较少；有限的对学前教育行政管理体制的研究主要集中于现状描述，而基于现状和问题、立足多个学科视角、综合运用理论工具进行系统分析并提出可行性对策和建议的则几乎没有。因此，对学前教育管理体制及其改革进行深入研究，明晰其存在的主要问题，分析这些问题产生的深层次原因，在此基础上科学把握国家行政体制改革趋势，明确学前教育管理体制的改革方向并对其进行制度设计，是解决当前我国学前教育管理体制的诸多矛盾和问题，切实保障学前教育事业健康、有序、可持续发展，实现《国家中长期教育改革和发展规划纲要（2010—2020年）》中学前教育普及发展目标的迫切需要。

第二节 我国学前教育管理体制改革的已有研究基础

围绕学前教育管理体制改革这一研究主题，本书主要从四大方面对已有的文献进行梳理与述评。首先，本书中的学前教育管理体制特指宏观层面的教育管理体制，即教育行政管理体制，或称教育行政体制。因此，相关文献综述围绕宏观层面的教育管理体制展开，基于对管理体制和教育管理体制已有研究的分析，系统梳理和总结已有关于学前教育管理体制内涵与功能的相关研究，这是对学前教育管理体制改革进行研究的前提和基础。其次，对当前我国学前教育管理体制改革的内涵与本质，以及改革的主要方面，如政府在发展学前教育中的职责定位，学前教育管理体制的总体规定，不同层级政府以及政府各个职能部门之间的权责划分,机构设置和人员配备,督导评估等方面的现状与问题及其影响因素的相关研究进行梳理和分析。再次,对政府治理模式转型及其对学前教育管理体制改革产生的影响的相关研究进行梳理、总结和分析。最后,对当前我国部分地区有关学前教育管理体制改革探索的举措和经验的相关研究进行系统梳理,对学前教育管理体制改革的方向和制度设计的相关研究进行深入分析。在此基础上,通过总体评析把握已有关于学前教育管理体制改革的相关研究,并提出其对本书的启示和仍待研究的问题。

一、教育管理体制和学前教育管理体制的内涵与功能的相关研究

(一)教育管理体制和学前教育管理体制的内涵

1. 教育管理体制的内涵

综合已有研究,教育管理体制的内涵大致可以归为以下四类。

第一类是行政组织说。有的研究者认为"根据国家制定的方针、政策、法令和规章制度,领导管理教育事业的工作部门,称为教育管理体制,也就是过去所说的教育行政组织"(刘文修,1996)。这类定义把教育管理体制的主体即教育行政组织等同于教育管理体制,而对除这一实体因素外的机制、制度等因素以及主体间的关系未予以充分注意。

第二类是结构关系说。有的研究者将教育管理体制界定为"各级教育行政管理机构之间的关系以及它们在管理各级教育时的权力结构"(许嘉璐,1990);有的研究者认为"教育管理体制也可简称为教育体制,它是教育事业的机构设置和管理权限划分的根本性管理制度,主要是教育内部的领导制度、组织机构、职责范围及其相互关系,涉及教育事业管理权限的划分、人员的任用和对教育事业发展的规划和实施,也涉及教育结构各个部分的比例关系和组合方式"(甘鹏,2011)。这类定义不仅注意到了教育管理体制的主体,也开始注意到教育管理体制中的内部关系即主体间关系,但是没有对体制的基本组成部分,即"体"和"制"以及两者间的关系进行全面和充分的阐释。

第三类是制度说。有的研究者认为"教育管理体制是教育领域中关于机构的设置、隶属关系以及权限划分等方面的制度"(张焕庭,1989;谢新观,1999;吴志宏,冯大鸣,周嘉方,2005;邬志辉,2004)。有的研究者认为"教育行政

就是为使国民的教育和学习活动组织化,并使之有体系地展开,公共权力按照教育政策,配备教育诸条件之行政过程。具体地说,教育行政是由教育立法运用规定的教育制度之过程。相应地,所谓教育行政制度则是由公共权力支配固定化的教育制度之制度"(陈永明,2003)。制度说把教育管理体制视为一系列制度的总和,不仅关注到了教育管理体制的主体成分,还关注到了主体间的权限划分、隶属关系以及教育管理体制的运行机制等要素,在认识上比前两类定义更进一步,但这类定义往往难以把制度与体制区分开来。

第四类是体系与制度说。有的研究者认为"教育行政体制是一个国家管理教育事业的组织体系和相关制度的总称"(龚怡祖,2009);有的研究者提出"教育管理体制是指国家教育行政管理部门包括中央、地方与学校以及其他教育机构或设施之间的相互关系、职能权限、组织结构等方面的体系和制度"(张复荃,1988;陈桂生,2005;黄霖,2008);有的研究者认为"教育行政体制是一个国家领导教育的最基本方式,即教育行政权力的确立与划分、教育行政机构的设置、各级教育行政部门之间的隶属关系、权限划分等方面的体系和规范的总称"(史万兵,2005);有的研究者将教育管理体制界定为"国家各级政府管理教育事业的组织体系和相关制度的总称"(萧宗六,贺乐凡,2004)。上述概念不仅注意到了教育管理体制中"体"的成分,同时注意到了其中的制度成分,并从不同角度对"体"与"制"的内涵进行了诠释,从而能够将"体制"与"制度"区分开来,对我们的后续研究具有启发和借鉴意义,为构建和研究教育管理体制的基本框架奠定了基础。但是,这类定义更多还是从静态的角度理解教育管理体制,没有对教育管理体制的动态成分即运行机制予以充分的注意。同时,这类定义本身还未清晰地呈现出教育管理体制各组成要素如"体"与"制"、"教育行政组织机构"与"职权责体系"之间的关系,且忽略了教育管理体制不仅涉及教育内部的各种关系,也涉及政府及其相关职能部门之间的协作、联席会议制度的有效建立等问题,在具体研究时偏于狭隘。

基于对已有教育管理体制内涵与教育体制、教育体系、教育制度、管理机制等相关概念内涵界定的分析和比较,本书将教育管理体制界定为:国家各级政府及教育行政部门领导和管理教育事业的组织机构体系、职权责划分及内外部关系体系和相关机制、制度的总称。从静态意义上讲,教育管理体制是一种教育行政管理系统内外的组织机构体系及其相互关系、制度;从动态意义上讲,它又是一种运行机制,二者构成了一个和谐共生、相互促进的统一体,是教育体制和国家行政体制不可或缺的重要组成部分。

2. 学前教育管理体制的内涵

基于对教育管理体制内涵的深入研究，研究者又进一步提炼出体制的基本要素，界定了学前教育管理体制的内涵。例如，有的研究者将学前教育管理体制界定为"学前教育管理机构和学前教育管理规范的结合体和统一体，它包括学前教育行政体制和园所管理体制两个部分"（阎水金，张燕，2003；张燕，2012）。这是广义的学前教育管理体制内涵的界定，不仅将宏观学前教育管理体制即学前教育行政管理体制包括其中，还将园所内部管理体制包括其中。有的研究者将学前教育管理体制定义为一个国家的学前教育行政组织系统，是国家对学前教育领导管理的组织结构形式和工作制度的总称，并进一步指出学前教育管理体制主要由学前教育行政管理组织机构设置、各级学前教育行政管理组织机构的隶属关系及其相互间的职权划分等构成。这一定义关注到了学前教育管理体制中的结构形式和制度两个方面的要素，着重对"体"的要素进行了解析，但是对"制"的内涵的理解存在一定的局限性。有的研究者注意到了学前教育管理体制中"体"和"制"两大要素，认为"学前教育管理体制是指学前教育管理部门，包括中央、地方及其他教育机构间的相互关系、职能权限、组织结构等方面的体系和制度"（甘鹏，2011）。从宏观管理的角度讲，学前教育管理主要包括国家及地方学前教育行政部门通过制定法律、法规、政策、规划和方针等，对学前教育事业的发展进行计划、组织、引导、监督和评估，并协调有关部门的关系等，以保证学前教育事业的健康发展（庞丽娟，刘小蕊，2008），这属于相对宏观且全面的定义。

综上所述，学前教育管理体制有广义和狭义之分。广义的学前教育管理体制包括宏观的学前教育管理体制即学前教育行政管理体制和幼儿园内部管理体制，狭义的学前教育管理体制指国家的宏观学前教育管理体制，其管理主体是国家（包括各级政府及其相关职能部门，尤其是各级政府和教育行政机构）。本书中所指的学前教育管理体制特指宏观的学前教育管理体制。基于对已有教育管理体制内涵和学前教育管理体制内涵的研究，本书将学前教育管理体制界定为：国家各级政府和教育行政部门管理学前教育事业的组织机构体系、职权责划分及内外部关系体系和相关机制、制度的总称，是教育体制、教育管理体制和国家行政体制不可缺少的重要组成部分（庞丽娟，范明丽，2012）。从静态意义上讲，学前教育管理体制是一种学前教育系统内外的组织机构体系及其相互关系、制度；从动态意义上讲，它又是一种学前教育管理的运行机制，二者构成了一个和谐共生、相互促进的统一体。具体而言，各级政府及其下设的学前教育相关行政组织机构是学前教育管理体制的载体；学前教育行政职能、学前教育行政权力、学前教育行政责任的配置与由此而形成的内外部关系体系是学前教育行政体制的核心；学前教育管理机制是学前教育管理体制的动态表现，是体制顺畅运行的动态化保障；学前教育制度是上述三方面要素的规范化和法制化，是学前教育管理体制的制度化保障。

（二）教育管理体制和学前教育管理体制的功能

已有的关于教育管理体制、学前教育管理体制的理论研究更多集中于概念界定和类型划分，对其功能的专门研究较少，大多是在论述其概念时对其功能略有提及。

1. 教育管理体制的功能

功能即作用与效能，教育管理体制的功能即教育管理体制发挥的作用与效能。专门对教育管理体制的功能进行梳理并提出观点的学者主要有吴志宏、冯大鸣、周嘉方等，他们认为教育管理体制具有四项功能。其一，领导和指挥的功能。相对于其他管理教育的体制来说，教育管理体制是牵一发而动全身的。只有教育管理体制理顺了，才能更好地发挥各级政府对教育的领导与指挥功能。其二，权力分配的功能。教育管理体制解决的是教育行政部门和学校的关系等，这些关系归根结底是一种权限与利益的关系。其三，分工协作的功能。教育管理体制不但是各种教育力量在教育系统中发挥作用的外在表现形式，也是彼此间分工协作的一种表现。其四，提高效率的功能。改革教育管理体制，根本目的是提高教育管理的效率。"效率原则是衡量任何组织结构的基础"（哈德罗·孔茨，海因茨·韦里克，1998），离开了效率原则，教育管理体制的改革就变得毫无意义（吴志宏，冯大鸣，周嘉方，2005）。仔细分析上述四项功能可以发现，其指向的对象有所不同：领导和指挥的功能是相对于教育事业发展而言的；权力分配和分工协作的功能指向于教育管理体制的内部要素；提高效率的功能则指向于教育管理体制作用的结果。

2. 学前教育管理体制的功能

已有研究中论述学前教育管理体制功能的文献不多，仅有研究者在论述我国"地方负责，分级管理和有关部门分工负责"的幼儿教育管理体制和幼儿教育事业管理基本原则时，阐述了这一体制形式和原则对我国幼儿教育事业的重要作用。第一，它适合我国经济文化发展不平衡的国情；第二，可以使幼教事业的发展既有统一方针政策等规范性的要求，又能发挥地方灵活性，避免一刀切，整齐划一；第三，强调调动地方和各有关部门的积极性建设和管理幼儿园。总之，这一原则可以起到加强领导和推动学前教育事业发展的作用。其实质就是充分调动各方面的积极性，发展学前教育事业（张燕，1995）。上述三方面作用的论述，其实是强调了"地方负责，分级管理和有关部门分工负责"的学前教育管理体制的优点和特点，而未进一步对诸如学前教育管理体制的统筹协调、领导指挥、管理与服务等功能进行论述，因此对学前教育管理体制功能的研究有待进一步深化。

深入分析已有的关于我国教育管理体制和学前教育管理体制的理论研究可以发现，除了内涵、功能等研究之外，关于教育管理体制性质的讨论也比较多见，其实质是对教育管理体制类型划分及各类教育管理体制特点的讨论。如有的研究者在讨论我国现行教育行政管理体制的性质时认为，"我国现行的教育行政体制，从总体上看属于中央集权的教育行政体制"（帅相志，2006），并进一步指出我国的教育行政管理体制区别于法国教育事权完全集中于中央，地方只有执行权的教育行政管理体制。我国尽管是中央集中管理教育，但是存在多层责任制，尤其基础教育管理体制更是强调"地方负责、分级管理"。帅相志将我国教育管理体制的特征概括为以下四个方面："中央集权与地方分权并存，中央集权多于地方分权；行政干预、监督多于法律监督；一级管一级，下级对上级负责普遍存在；中央集权与地方分权程度呈周期性变化。"（帅相志，2006）上述四项特征主要是对我国独特政治、经济制度背景下教育管理体制特征的概括，并不是对教育管理体制普适性特征的概括。综上所述，总体来看，目前对教育管理体制的特性进行高度概括的理论性研究仍显不足，对学前教育管理体制特性的研究更为匮乏。

二、学前教育管理体制改革的内涵与本质、现状与问题及其影响因素的相关研究

（一）学前教育管理体制改革的内涵与本质

"改革"即"改变、革新"，指把事物中旧的、不合理的部分改成新的、能适应客观情况的（夏征农，陈至立，2009）。目前，我国尚无关于学前教育管

体制改革内涵的相关研究，基于对体制改革的理论分析，本书认为学前教育管理体制改革植根于特定的社会、历史和文化条件土壤之中，有着独特的改革背景和动因，由此形成了独具特色的内涵。在本书中，学前教育管理体制改革是指在中央顶层设计和地方创新的双重驱动下，对学前教育管理体制进行的改良和革新。学前教育管理体制改革的目的是克服现有学前教育管理体制中的弊端，使其更加合理、完善，以适应经济社会发展和学前教育事业发展的需要。

综合已有相关研究，学前教育管理体制改革的本质主要可以从以下四个层面来分析：首先，从改革的主体来看，学前教育管理体制改革主要由权力阶层主导推行。"改革是政府已经承诺实施的那些教育变革，是政府在公开的政策分析的基础上指导进行的教育变革计划"，"改革研究主要受政府行政机关而不是受教育者或者行政官员的推动"（本杰明·莱文，2004）。其次，从改革的指向来看，"改革"一词常常有一种积极的标准化的特质，暗示某种值得做的事情（本杰明·莱文，2004），这意味着体制改革的主观朝向是美好的，不仅是对已有制度、惯例的一种打破，更暗含着改革者对愿景的期望和对改革本身的信心。再次，从改革的进程来看，经济社会总是处于不断发展变化的状态，学前教育发展过程中的新情况和新问题更是层出不穷，因此学前教育管理体制改革不是一劳永逸的，而是在相对稳定的基础上，还需要根据不同时期的不同情况因时、因地制宜，及时做出调整。最后，从改革的性质来看，改革本身具有复杂性。"教育改革是一种复杂的现象——是理念、政策和体制结构、历史和文化的大杂烩"，"事实上，整合一个项目，让人们接纳项目，再让人们去实施，并期望预期结果得以实现，是相当困难的过程，很少是直线进行的"，"很多因素相互作用，预想不到的因素不计其数，因此成功比失败更令我们惊奇"（本杰明·莱文，2004）。

综上所述，改革的复杂性决定了政府在制定和推行学前教育管理体制改革计划时，不能简单化地认为改革就是由政府将其深思熟虑的理念付诸实践的线性行为，而应全面考虑制约改革的各种因素，以及各种因素之间的相互作用及其可能造成的影响。

（二）当前我国学前教育管理体制改革现状与问题的相关研究

已有研究文献中直接对我国学前教育管理体制改革现状和存在的主要问题进行梳理和概括的相对缺乏，以"学前教育体制""幼儿教育体制"等为子标题的文献,实际上是侧重于对办园体制现状的描述,如将幼儿教育体制现状归为国家举办、部门举办、民办公助等七类(周永明,2007),而对于国家管理的不同机构举办的幼儿园的行政管理体制则缺乏论述。还有研究者对民办幼儿教育体制、政策、现状进行了研究梳理,指出"私立幼儿园、国有民办幼儿园和转制承包幼儿园在资金来源和办园基础上有很大的不同,用同一种体制政策去管理,必然会产生不公平竞争"(胡江波,2002)。另外,有研究者从管理绩效的角度指出,公立幼儿园管理体制的"现状是公立幼儿园管理效益低下、缺乏服务意识、管理水平滞后"(甘露,2006)。本书主要从当前我国学前教育管理体制存在的主要问题和管理体制改革进程中遇到的困难及可能的风险两个方面来进行综述。

1. 当前我国学前教育管理体制现状和存在的主要问题

已有相关研究中对当前我国学前教育管理体制现状和问题进行梳理和概括的文献主要散见于一些著作的章节和论文中。综合已有相关研究,本书主要从政府发展学前教育的职责,不同层级政府之间的权责配置,政府不同职能部门之间的权责划分,学前教育行政管理组织机构设置及其人员配备,督导、评估和问责等五大方面对当前我国学前教育管理体制改革现状和存在的主要问题进行综述。

第一,政府职责总体定位及其落实。调查研究结果较能反映我国学前教育事业发展中的政府履职状况和管理体制状况的是 2004 年 10 月国家教育督导团派出督导组对我国六省(市)幼儿教育进行督导检查后撰写的《国家教育督导团关于幼儿教育专项督导检查公报》。该公报概述了六省(市)在幼儿教育改革发展中取得的主要成绩,认为主要包括四大方面:其一,各级政府把幼儿教育作为基础教育的重要组成部分,积极推进幼教事业发展;其二,制定了幼儿教育法规和规章,推动依法办园、依法治教;其三,加快示范性幼儿园和乡镇幼儿园的建设,带动了各级各类幼儿园的整体发展;其四,加强了对幼儿园的安全管理和监督。然而,也有研究者认为当前我国学前教育管理中存在诸多问题,如就学前教育的内外部关系而言,"政府主导"管理学前教育的内涵不清(王海英,2011),政府和市场的关系未理顺,政府管理学前教育的职责定位不明(庞丽娟,范明丽,2012;李卫,2004)。尤其是民办学前教育的外部关系没有理顺,政府、投资者、幼儿园三方的权责关系缺乏相关法律法规的制度规范;在财产处理上，投资者权限无限大，政府缺乏必要的行政干预和法律干预，对园所缺乏有效的监督。换言之，即对于政府、投资者和园所各自该做什么，不该做什么，怎样做，缺乏明确的责权规定（李卫，2004）。

第二，不同层级政府之间的权责配置。已有关于学前教育管理体制权责配置问题的研究揭示出，当前我国学前教育管理体制中不同层级政府间权责配置存在以下问题：各层级政府之间职责定位不清，权责配置的随意性大，导致中央政府职责缺位、错位与不到位现象并存，地方政府权责错位严重，学前教育管理责任主体重心过低（庞丽娟，范明丽，2012）；中央政府和省级政府的统筹管理作用发挥不足（洪秀敏等，2019）；县级以上的政府部门对农村幼儿教育极少过问，举办农村幼儿教育的责任主要在乡（镇）级和村级政府（张博，2003；李向东，2004；周建平，2012）；无论是"以乡为主、县乡共管"的体制，还是"地方负责，分级管理和有关部门分工负责"的农村学前教育管理体制，其管理主体责任均落到乡镇一级（刘强，2009）。甚至有的地区政府完全放弃了对学前教育发展和管理的职责，表现为：部分地区的县教育局把管理的权责下放给各乡的中心校，各乡的中心校又把管理的权责下放给各个园，层层下放，实际上就等于放弃了管理（张博，2003）；在苏北的某些农村地区，幼儿教育处于一种自生、自管和无人问津的状态（魏春华，2008）。此外，在民办园发展方面存在行政管理主体与行政管理对象之间关系不顺、利益冲突的问题，如有研究指出，政府与民办幼儿教育之间发生了矛盾与利益冲突，政府就干脆放弃全能的"大政府"模式，而采取"放任主义"的管理模式（宋卓雯，2007）。在农村学前教育行政管理机制方面，有研究指出"对于民办幼儿教育机构的管理一直缺乏一整套统一规范的机制"，导致"目前我国大部分乡镇及村一级的民办幼儿园都是'家庭作坊式幼儿园'。这些幼儿园办园条件简陋，园舍条件差，基本设施不健全。幼儿园的卫生、消毒、安全都极不规范，幼儿的饮食也很粗糙、单一"（李红婷，2009）。

第三，政府各相关部门权责配置。有研究指出当前我国已有部分地区建立了由教体局、卫生局、妇联、财政局等部门协同参与的幼儿教育工作联席会议制度，各相关部门分工明确、具体。其定期听取幼儿教育情况汇报，及时了解、掌握和处理幼儿教育工作中与本部门相关的困难与问题，为学前教育事业发展营造良好的外部环境，以达到强化管理、形成合力的目的（骆小燕，2009）。然而，也有研究指出"政府各部门之间职责定位不清，职权责划分不尽合理"（庞丽娟，范明丽，2012），尤其是民办幼儿园的审批和管理混乱（洪秀敏等，2019；周永明，2007；曾晓东，2006b；刘明远，张晖，2006）。学前教育存在多头管理的问题，例如，有的研究以街道幼儿园为例，指出其行政上由街道办事处管理，业务上由区托幼办指导，人事工作由区妇联主管，当幼儿园经费陷入困境时却是谁也拿不出解决的办法（周红，1999）。还有的研究指出，当前存在教育行政部门内部审批与管理关系未能理顺，个别地方甚至出现只批不管的现象（李红婷，2009）。在幼儿园审批方面，存在某些"懂行者没有审批权，有权审批者又不懂行"的现象（刘明远，张晖，2006）。

第四，学前教育行政管理组织机构设置及其人员配置。已有相关研究揭示出，当前我国学前教育行政管理组织机构与人员配置最突出的问题就是教育行政部门中学前教育管理力量薄弱，管理机构制度不健全（杨兵，2008）。一方面是随着改革的深入、体制的转换，新问题、新矛盾不断出现，教育行政部门的管理责任成倍增加，但另一方面目前各级教育行政力量被严重削弱（庞丽娟，韩小雨，2010）。当前我国学前教育管理的行政组织存在两方面的问题：其一，学前教育管理机构设置严重缺位（庞丽娟，范明丽，2012），半数以上的省（自治区、直辖市）、区（县）没有专设学前教育管理机构（刘占兰，易凌云，2010）。其二，对学前教育行政管理人员的数量、资质、归属、职责等具体标准缺乏相应的规定（庞丽娟，范明丽，2012），导致人员配备严重缺位。从1998年起，国家负责管理学前教育的教育部幼儿教育处编制只有2人，实际在编专职人员仅有1人。在31个省（自治区、直辖市）中，除北京和天津还保留学前教育管理机构外，其他29个省（自治区、直辖市）的学前教育管理机构在机构改革中陆续撤并，由基础教育处一名同志兼管，在不少省（自治区、直辖市）没有幼儿教育专职干部，或专职干部不"专干"，往往身兼数职。这样的管理力量不仅难以有效履行基本的行政管理职能，更无法针对一些新情况、新问题制定和实施有效的政策，无法适应当前我国学前教育事业发展的复杂形势，严重地削弱了对学前教育事业的领导与管理（庞丽娟，胡娟，洪秀敏，2002；洪秀敏，庞丽娟，2009；庞丽娟，韩小雨，2010）。

此外，广大农村地区因面积广、幼儿园数量多，无人重视、管理混乱的问题尤为突出（王斌泰，2003；李向东，2004）。当前农村地区县级学前教育行政机构与人员设置的现状是：少数地区设立专门行政机构，配备专职行政管理人员，多数地区由其他机构和人员兼管（曾福生，朱扬寿，陈蜀江，2007）。在乡镇一级，往往由乡镇中心小学管理当地学前教育（骆小燕，2009）。我国幼儿教育行政网络在政府机构精简中受到冲击（李红婷，2009），缺乏专门的管理部门和业务指导部门，或者相应的行政机构中没有专职或兼职人员来主管农村学前教育工作（许志勇，2001；郭芸芸，2003），或者机构设置不合理，使幼儿教育行政人员管理权力受限，管理职责难以落实。例如，有研究者指出，1983年11月，北京市实施改革后，教育局负责幼儿教育工作的干部往往附设在小学教育科，由小学教育科科长代管（孙纪贤，张念芸，1986）。幼儿教育干部管理权受到很大的限制，"各区县幼教干部纷纷反映说'我们上无头，下无腿，工作不好开展'，严重影响农村幼儿教育的发展"（孙纪贤，张念芸，1986）。某些村办幼儿园更是处于一种"两不管"的真空状态。

第五，督导、评估和问责。目前，我国已形成了中央、省（自治区、直辖市）、市、县四级教育督导网络，建设了一支专兼职结合的教育督导队伍，构建了"督政""督学""监测"三大体系框架，建立了教育督导基本工作制度。同时，地方各级政府在教育督导实践中创造了许多行之有效的做法，并积累了相应的经验。然而，从学前教育管理绩效来看，已有研究认为当前我国学前教育督导评估机制不健全，重督学、轻督政的倾向明显，且缺乏动态、多元的督导评估（庞丽娟，范明丽，2012），导致政府往往将督导评估定位为教育行政部门对托幼机构的监督和指导，而对政府普及责任的关键方面如政策制定、财政投入、领导管理等缺乏有效监督，这不仅降低了督导评估的层次和效力，更无法从根本上解决领导和管理等核心问题，从而使学前教育管理效率低下，管理水平滞后（甘露，2006）。

总体来看，已有的关于我国学前教育管理体制现状和问题的研究，在政府发展学前教育的职责，不同层级政府之间的权责配置，政府不同职能部门之间的权责划分，学前教育管理机构设置及其人员配备，以及督导、评估和问责等五大方面均有涉及，但更多的研究主要反映了当前部分地区学前教育行政管理机构设置与人员配置情况，以及县、乡两级政府相关权责配置情况，而对学前教育行政管理制度和机制的关注不足。

2. 当前我国学前教育管理体制改革面临的困难和可能风险

自2010年以来，随着《国家中长期教育改革和发展规划纲要（2010—2020年）》《国务院关于当前发展学前教育的若干意见》的颁布，"政府主导"发展学前教育成为时代呼声。从中央到地方，各级政府都在落实文件精神，制定政策和措施并积极付诸行动，推进学前教育管理体制改革。然而，由于改革时间较短，实效和问题尚未完全显现，已有研究主要针对当前学前教育管理体制存在的主要问题进行分析，尚无专门就学前教育管理体制改革过程中的问题和困难进行研究的，已有相关研究主要集中于对"政府主导"发展学前教育的认识上。例如，关于对"政府主导"学前教育发展的认识，有研究者分析认为"入园难"是一个系统性问题，它并非缘于学前教育内部，而是社会结构失衡在学前教育领域的集中体现，"相比其他教育阶段，学前教育是一个缺乏自主性的场域，社会改革的任何方面都会影响其正常发展"，各级政府曾经推行的多项改革政策是对学前教育自身发展规律的漠视，而"入园难"正是各级政府推行改革措施后不得不面对的行为结果（王海英，2011a）。因此，由政府主导学前教育，对于其普及发展至关重要。但有研究者反对将"政府主导"的职责功能窄化为或等同于"政府主办"，指出政府职责的充分彰显、激励社会力量的充分发挥，是保障公办、民办幼儿园尽可能充分发展的前提（庞丽娟，2012）。还有研究者认为，必须充分防范坚持"政府主导"的可能风险，建立相应的预警机制，警惕政府的间接投入变成私人财富；防范在政府主导下的奢华公办幼儿园的重现；避免"政府主导"对民办幼儿园造成挤压的情况（王海英，2011b）。

3. 影响我国学前教育管理体制改革的因素

通过对已有研究进行梳理、分析，我们可以发现目前专门针对学前教育管理体制改革的研究和分析较少，且现有相关研究更多偏重于呈现现状、问题及其影响的事实性资料，而对导致问题的体制、机制、制度性等因素的挖掘略显薄弱。根据已有文献在分析学前教育存在问题的原因时提出的论据，可将已有研究中有关学前教育管理体制改革的影响因素分为以下三个方面。

第一，观念意识因素。有的研究者从对学前教育重要性的认识程度来分析学前教育管理体制存在问题的原因，指出学前教育管理体制存在问题的主要原因之一是有些地方教育行政部门负责同志对幼儿教育工作的重要性、紧迫性认识不足，没有将其摆到应有的位置（张爱勤，2003；薛文娟，2010）；政府尤其是主管农村的基层政府及其领导对学前教育的公益性的认识不足，将其放置于经济发展之后，并缺少相应的合理、科学的领导、规划与政策保障（蔡迎旗，2007）。

第二，政策制度因素。有的研究者从法规制度保障方面来分析学前教育管理体制问题产生的原因，认为学前教育发展缺乏有力的制度保障，尤其是缺乏政策法规保障机制（庞丽娟，胡娟，洪秀敏，2002；张爱勤，2003），而目前我国学前教育立法层次仍然偏低，其最高层次仅处于我国教育法律体系中的第四层次（庞丽娟，胡娟，洪秀敏，2002），导致出现许多突出的问题，包括管理体制方面的问题，对于这些问题，必须有上位的法律法规才能从根本上得到解决（庞丽娟，韦彦，2001）。

第三，经济财政因素。有研究者在探讨农村学前教育投入不足、城乡投入差距大的原因时指出，"经济原因是制约黑龙江省农村学前教育发展的根本原因"（崔永平，赵亮，王燕媚，2009）。政府财政吃紧，难以承担起对农村幼儿园投入的职责。农村实行税费改革后，许多乡镇财政困难，难以继续履行发展幼儿教育的职责（姜瑾，2005）。有的研究从经济体制层面进行分析，指出学前教育管理在政府各部门之间混乱的原因是，在计划经济体系下，分散化的投入主体带来了分散化的管理体制，导致教育部门、民政部门、妇联、各个行业主管部门都在管理幼儿教育（曾晓东，2006b），结果多头管理，出现了"都抓都不管"的混乱局面。

此外，还有研究者专门就学前教育行政管理中的农村民办园和学前教育事业发展的责任追究机制展开研究。例如，有研究者认为农村学前教育的发展需要政府扶持，需要政策保障（崔永平，赵亮，王燕媚，2009），然而到目前为止，我国还没有形成一部用以专门指导农村幼儿教育的法律法规，法律上的"真空"使得农村幼儿教育缺乏相应的制度保障，使资金、人员方面的调配得不到法律法规的支撑，资源难以实现政策上的有效配置。农村地区的幼教发展步履维艰。目前，我国尚没有制定真正能够促进农村学前教育发展的政策，在发展农村学前教育方面没有远景规划和具体可行的措施，导致了农村学前教育的发展水平较低（崔永平，赵亮，王燕媚，2009）。另外，还有研究者调查发现，因为缺少健全、严格的管理制度，欠发达地区县、乡教育部门对农村学前教育事业监管不力，农村幼儿的教育环境和条件恶劣，严重影响了农村地区的学前教育质量。

在民办学前教育管理方面，有研究者指出，我国民办学前教育管理的法制环境不健全、立法不健全，还没有与《中华人民共和国民办教育促进法》相配套的法规，"由于民办学前教育的外部法制环境不健全，不能有效规定民办教育相关的人、财、物方面的诸多管理及协调行为,直接导致其管理机制的不完善。其具体表现为:政府职能部门协调不够;缺乏相应的社会中介机构介入;政府未能有效履行相应的职能;学校内部管理机制不完善"(李卫,2004)。有研究者认为,学前教育事业发展的责任追究机制还不健全。目前,我国教育法规执行缺乏正常的监督、明确的效果考核、必要的赏罚措施等责任追究规定,许多责任并不能与义务相照应,致使一些义务并无法律责任的约束来保证(张爱勤,2003)。

综上所述,我们可以发现已有研究中对我国学前教育管理体制主要问题产生的原因进行深层次分析的很少。由于缺乏对经济社会发展宏观背景的考察和把握,现有有限的研究往往难以透过现象看到本质,没有从社会发展变革、宏观政策形式变化等深层次对学前教育管理体制的相关问题进行深入剖析。然而,已有研究关注到了我国学前教育管理体制相关制度方面存在的问题,即政策缺失,法规、制度不健全。这抓住了问题产生的根本性原因,为我们的研究提供了重要启示与可借鉴之处。正如哲学家波普尔所言,"科学研究的价值在于证伪",在分析原因时,由于视角不同,不同研究者得出了不同结论,甚至得出一些存在争议的结论,如经济水平是不是根本性决定因素。这也为后续研究者进一步深入研究提供了重要素材。

三、政府治理模式转型及其对学前教育管理体制改革影响的相关研究

治理概念起源于 20 世纪 70 年代的西方,这一时期社会矛盾、纠纷凸显,迫使各国政府调整政府管理模式,重新界定政府与市场之间的关系以适应现实的需要;自 20 世纪 80 年代以来,诸如公共选择理论、新公共管理等新思潮和流派较为活跃,有的学者提出"治理政府"这一概念以解决科层制组织运行效率低的问题;20 世纪 90 年代,治理理论倡导在社会公共事务管理结构上的多中心安排,并提出了"善治"理念,国内外学者对政府治理进行了较为深入的探索。有研究者认为,尽管各种理论的侧重点不同,却存在着许多重叠交叉的部分,其相同之处就在于,都对公共物品供给模式展开讨论,都把提供公共物品当作政府治理的核心内容。因此,政府治理变革的关键在于公共物品供给模式的变革,在于政府选择新的工具来供给公共物品(唐娟,2006a)。目前,有关

政府治理问题的研究正成为一种理论热点,"治理"概念本身也变成了一个国际性的政治分析概念。尽管人们在不同的层次上使用它,但从根本上讲,它与政府行使权力有关。自 20 世纪 80 年代以来的政府改革运动和各种各样的相关理论,其实要解决的只是两个并不新鲜的政府治理问题:一是政府治理什么,即政府职能问题;二是政府怎么治理,这涉及政府对治理工具的选择问题(唐娟,2006b)。

所谓政府治理模式,简单地说,就是政府用怎样的手段来行使社会管理的职能(唐娟,2006b)。当前国内外有关改革政府治理模式、提高政府治理能力的研究很多,如美国学者彼得斯在《政府未来的治理模式》一书中,梳理归纳出四种未来政府治理的模式:市场式政府,强调政府管理市场化;参与式政府,主张对政府管理有更多的参与;弹性化政府,认为政府治理需要更大的灵活性;解制型政府,提出减少政府内部规则,认为这四种模式是改善当代政府治理的主要方法。自中华人民共和国成立以来,我国已进行了多次政府机构改革,并取得了一定的成效:政府机构开始向精简的方向发展;开始以重塑政府职能和创新政府管理体制为重点;在理顺政企关系、部门之间的关系等方面也有了突破性的进展;政府治理正在逐步从人治向法治转变,相应地在治理模式上也在逐步转变,努力构建公共服务型政府成为时代发展的必然。国内较有代表性的研究有马运瑞的《中国政府治理模式研究》(2007 年),概述了中国的政府治理,并指出依宪治国、规范有序的市场经济是中国政府治理的前提和基础。此外,张康之的《限制政府规模的理念》(2000 年)、刘熙瑞的《服务型政府:经济全球化背景下中国政府改革的目标选择》(2002 年)、席丹的《论建立公共服务型政府管理新体制》(2002 年)、井敏的《构建服务型政府:理论与实践》(2006 年)等均从不同角度论述了公共服务型政府的内涵与本质,以及政府从"统治型"或"管理型"行政转变到"服务型"行政的有关方法。

胡锦涛同志在党的十七大报告中指出,要"加快行政管理体制改革,建设服务型政府"。公共服务是指在社会发展领域中,以满足公众基本需求为基本目的、以公益性为主要特征、以公共资源为主要支撑、以公共管理为主要手段的产品或服务,主要涉及教育、就业、医疗、社会保障和住房等五个方面(陈振明,2008)。有研究者认为,建立并完善基本公共服务体系是协调社会矛盾、促进和谐社会建设的重要机制,而提供基本公共服务是政府的基本职能,尤其是在公共服务体系建立初期,政府更应当起到主体作用;在整个社会公共服务体系建立以后，政府仍然要起主导作用。总而言之，公共服务体系建设处于政府主导之下（范恒山，2004；迟福林，2006）。教育行政管理以及由其制约的教学管理、教育投入管理是政府在教育领域的重要职能（许玉乾，2010）。学前教育是一种强正外部效应日益趋强的准公共产品（庞丽娟，韩小雨，2010），在个体成长、经济发展、人口素质提高、国际竞争力提升等方面均具有重要价值（庞丽娟，洪秀敏，2012），因此政府治理模式在向服务型政府转变过程中，必须对学前教育管理体制进行改革与创新。在二者的关系上，政府行政管理体制改革决定了教育管理体制必须进行相应的改革，而政府在教育管理体制方面的改革与创新必然影响着以建设服务型政府为目标的整体性的行政管理体制改革。这种整体与部分的改革在目标、进程、措施及成果方面具有极其密切的相关性（许玉乾，2010）。

四、我国学前教育管理体制改革地方探索和政策建议的相关研究

（一）当前我国学前教育管理体制改革的地方探索

在已有关于学前教育管理体制改革的研究中，有研究者对各地改革、完善学前教育管理体制的政策举措进行了梳理，也有一些教育科研的基层研究人员对当地改革、完善学前教育管理体制的实践探索进行了分析与评介。具体来看，各地在解决学前教育管理体制存在的问题、健全和完善学前教育管理体制方面主要有以下探索。

第一，出台相关政策法规。有研究者指出，为积极推进我国学前教育事业健康、有序、可持续发展，应该加快推进学前教育立法进程，完善全国和地方学前教育相关法规政策（洪秀敏，庞丽娟，2009；庞丽娟，韩小雨，2010；庞丽娟，2011）。近些年，不少地方适应形势发展要求，在学前教育立法方面做了很多工作：江苏、北京、青岛、广州、上海等省（直辖市）已先后制定并实施了学前教育条例（庞丽娟，2011）；湖北省要求制定全省统一的农村学前教育地方性法规。此外，继《国务院关于当前发展学前教育的若干意见》颁布以后，各省（自治区、直辖市）均纷纷落实中央政策文件精神，制定了省级、地市、区县的学前教育发展意见和规划，如福建省泉州市洛江区出台了《泉州市洛江区人民政府关于加快洛江区幼儿教育改革与发展的意见》（林海燕，2007）。

第二，理顺各级政府职责。在确立政府主导职责的基础上，合理配置中央、省（自治区、直辖市）、地市、县、乡镇各级政府学前教育职责，逐步落实政府主导责任，形成切实保障学前教育发展的责任配置体系，是保障学前教育普及的重要举措。在这方面，辽宁省确立了省级统筹、治薄扶弱的发展思路（李琳，韩小雨，2010）；四川省成立了省级层面的专门的普及学前三年教育工作领导小组，并由省政府分管领导任组长（夏婧，张霞，2010）；北京市房山区、顺义区、大兴区、密云区等均上移其农村学前教育责任主体，形成以区县为主的农村学前教育责任体系（庞丽娟，2012）；山东省枣庄市在每年的全市基础教育工作会议上，都把幼儿园的建设任务与"两基"任务指标一起按年度分解到区（市）、乡（镇）政府，建立明确各级政府职责的工作目标责任制（杨冬梅，李辉，戴明丽，2011）。在完善农村学前教育管理体制方面，有研究者提出，要探索建立"县乡结合，以县为主"的农村学前教育管理体制，明确各级政府特别是县、乡两级政府发展农村学前教育的责任，强化县级政府对学前教育的统筹管理职责（罗英智，2008）。甘肃省某县借鉴农村义务教育经费管理体制，实行以县为主管理与教育经费分担相结合的农村幼儿教育经费管理体制，县（区）政府作为农村幼儿教育经费的管理主体，乡（镇）不再承担发展农村幼儿教育的财政方面的责任，但承担发展农村幼儿教育的行政责任（郑名，刘轶，2004）。福建省泉州市洛江区将幼儿教育工作列入了各级领导责任目标和教育部门督导评估的范畴（林海燕，2007）。

第三，建立部门协调机制和联席会议制度。学前教育事业的发展涉及多个部门，如规划、建设、财政、人事、教育、卫生等，很多具体问题的解决，需要各部门协调合作。在理顺政府相关职能部门职责、建立部门协调机制方面，四川省成立了省级层面的专门的普及学前三年教育工作领导小组，由省政府分管领导任组长，教育、财政、妇儿工委、计生统计、卫生等部门分管负责人为主要成员，同时建立联席会议制度，负责对普及学前三年教育的试点和全面实施工作进行领导，并解决工作中的重大问题（夏婧，张霞，2010）。安徽省宣城市宣州区建立了由教育体育局、卫生局、财政局等十部门协同参与的"宣州区幼儿教育工作联席制度"，各相关部门分工明确、具体（骆小燕，2009），为学前教育事业发展营造了良好的外部环境，形成了农村学前教育管理网络；辽宁省抚顺县明确教育部门是学前教育的主管部门，明确了教育部门登记注册的审批权限；福建省厦门市思明区理顺了行政、督导和教研部门的职能关系，形成了三部门齐抓共管、协调合作的管理模式，建立了教育、财政卫生等9个部门协同参与的工作联席会议制度，同时还成立了区级幼儿教育协调小组、区级幼儿园等级评估小组，以全面理顺部门间的关系（林惠美，2005）。

第四，健全学前教育行政组织机构设置。合理设置学前教育行政组织管理机构是实现学前教育科学管理的有力保障，而合理配备管理人员则是管理机构高效运转的关键要素。在完善农村学前教育组织机构方面，河北省实行"幼小一体化"管理，并结合管理模式改革设立相关的行政或业务管理机构（董志伟，2007）；江苏省连云港市东海县的主要举措是增派管理人员，加强学前教育管理力量，尤其是加强基层学前教育管理力量，从县到乡镇、县教育局到各乡镇中心校都配备了专职幼儿教育行政、业务管理人员（赵娟，2003）；江苏省扬州市宝应县在乡镇教育办公室下设幼教中心，由专人负责乡镇幼儿教育，实行中心园园长负责制。有研究者针对当前我国农村学前教育管理体制问题提出，要健全幼儿教育管理机构（姜素梅，2008），其中县、乡（镇）要设立专门的幼儿教育管理部门及专职管理人员，尤其是县级教育行政部门要设立专职幼儿教育工作人员（李红婷，李红刚，杨学文，2006）。"九五"期间，北京市顺义区健全学前教育管理机构设置，成立了学前教育中心，统管全区学前教育事业发展，并建立起行政管理和业务指导两个系列，大大加强了学前教育行政管理力量。

第五，完善管理方式和管理运行机制。在学前教育管理模式改革探索方面，各地因地制宜建立起各具特色的学前教育管理模式，如河北省和山东省分别在农村地区建立了"三级两线"的管理模式（洪秀敏，范明丽，2011；杨冬梅，李辉，戴明丽，2011）；浙江省部分地区推行幼儿园独立建制，构建以县、乡镇中心幼儿园为依托，辐射村园的管理模式，县、乡镇中心幼儿园担负全县、乡镇的培训、教研、家庭教育的任务（张霞，夏婧，杨冬梅，2010）；江苏省苏州市以"镇村一体"为原则，通过乡镇中心园进行具体、经常的业务指导和业务管理；福建省厦门市思明区建构了辐射全区各类幼儿园的"结网互动，优势拉动，整体推动，网络管理"的片区管理机制（林美惠，2005）；北京市顺义区将村办幼儿园都纳入政府管理范畴，将所有幼儿教师都纳入政府管理体系，保障了农村幼儿教师的工资收入和整体水平，从而有效保障了农村学前教育的整体质量；福建省泉州市洛江区实行了一系列的分类动态管理措施，并通过开展对幼儿教育的督导、检查、评估和指导，促进办园行为的规范化（林海燕，2007），建立严格的管理制度和管理程序，确定详细的开办幼儿园需要达到的设施条件、环境条件、教师条件标准,对于达不到标准者坚决取缔(姜素梅,2008)。此外,"社会转型中的乡村学前教育选择研究——以湘南大金村为例"课题组通过研究建议,"在人口较分散的农村举办'幼小五年一贯制学校',将学前三年教育纳入义务教育管理体系,建立和完善农村'幼小一体化'管理体制"(李红婷,2009)。

第六,建立健全学前教育管理督导、评估和问责机制。督导、评估和问责机制不仅是学前教育管理体制改革的重要目标和内容,也是落实政府发展学前教育责任的重要保障。山东省确立了以市、县(区)两级为主的教育督导责任区,学前教育的督导由县级督导责任区负责,并启动了学前教育专项督导制度,建立并强化督导结果公示问责制度,以保证督导效果(杨冬梅,李辉,戴明丽,2011);河北省从2003年开始就与各市签订了"普三"(普及三年学前教育目标)责任书,启动了"普三县"[①]评估验收工作,并按照"查一验二谋划三"的工作思路进行督导检查和评估验收,把"普三"指标纳入省政府对各县级政府教育工作督导评估体系之中(洪秀敏,范明丽,2011)。

对各地学前教育管理体制改革探索的相关研究进行梳理和分析,可为我们进一步研究并提出改革和完善农村学前教育管理体制的政策建议提供可资借鉴的参考。从已有关于各地改革和完善学前教育管理体制的研究来看,当前各地学前教育管理体制主要有以下两类:县、乡两级管理体制和县、乡、村三级管理体制。前者如上海、江苏,后者如天津、浙江。此外,河北省还建立起"三级两线"管理网络,实行"乡办乡管"或"村办乡管"的管理体制;山东省实行"政府统筹、办管分离、资源共享、服务社区"的管理体制等。可以发现,学前教育发展的一个总趋势是:政府在普及学前教育进程中的主导责任越加明显,学前教育管理的层级不断提升,部门协作成为解决学前教育重点和难点问题的关键,督导考核成为完善管理、促进学前教育普及和发展的重要举措。

(二)对当前我国学前教育管理体制改革的政策建议

制度设计问题是制度供给研究的重要内容。目前,有关我国学前教育管理体制改革制度设计的相关研究比较缺乏,尤其是有关改革的宗旨、理念与目标尚无直接相关研究,一些间接相关研究主要以政策建议的形式体现,零星地散布于学前教育立法、学前教育体制机制改革等研究文献中。总体来看,从宏观

---

① 即基本普及学前三年教育的县。

层面对我国学前教育管理体制改革提出政策建议的相关研究还比较少,目前,代表性的研究主要是庞丽娟等的相关研究,基本属于学前教育管理体制改革制度设计的前期和奠基性研究。综合已有相关研究,针对当前我国学前教育管理体制存在的主要问题,研究者对我国学前教育管理体制改革的政策建议主要包括以下五个方面。

第一,在强调对学前教育的重要性和学前教育管理体制改革的重要意义认识方面,有研究者指出,各级政府,特别是教育行政部门应切实加强对学前教育的重视与领导(庞丽娟,胡娟,洪秀敏,2002)。

第二,在完善学前教育管理体制相关制度方面,有研究者指出,要"理顺政府与社会的关系"(张燕,2004;李卫,2004),有研究者呼吁要"加强学前教育立法工作"(庞丽娟,胡娟,洪秀敏,2002;曾国,2005;洪秀敏,庞丽娟,2009;庞丽娟,韩小雨,2010)。一些研究者指出,通过立法手段使政府各职能部门在学前教育事业发展中做到有法可依、依法行政,同时也为社会各方面对政府各相关职能部门实行公共监督提供重要的法律依据和保障,这是英国、美国等国家的学前教育发展及其立法实践带给我们的重要启示(沙莉,庞丽娟,刘小蕊,2007)。此外,有的研究者通过研究国外学前教育管理体制,提出应强化中央政府对学前教育事业发展的领导,强化地方政府在学前教育发展中的地位与责任,明确各相关部门的职责与权力,推进部门间的协作与整合等,这为我国学前教育管理体制改革提供了一定的启示和借鉴(庞丽娟,刘小蕊,2008)。

第三,在各级政府与政府各部门的权责配置和分工协作方面,有研究者指出,要"加强对幼儿教育事业的管理,明确各级政府、教育行政管理部门的管理职责"(王斌泰,2003;郭维平,2007);明确政府主导学前教育发展的责任及相关部门职责与分工协调机制,进一步明确并强化中央和地方各级政府发展学前教育事业、提供学前教育公共服务的主导责任;明确规定教育、发展与改革、财政、建设、人事、编制、劳动保障、卫生、民政和公安等相关部门的职责,确立分工合作的机制(庞丽娟,2011b)。

第四,在学前教育行政管理组织机构设置和人员配备方面,有研究者指出,应明确建立健全学前教育的管理体制与机构,如明确规定中央、省(自治区、直辖市)、市级部门设立学前教育的专门行政管理机构,县级应有专门机构或专职干部,并明确中央、省(自治区、直辖市)、市、县级学前教育行政主管部门的主要职责。这是落实学前教育事业发展规划、优化和扩大教育资源、促进教师队伍建设等的重要组织保障和人力保障（庞丽娟，2011b）。此外，我国31个省（自治区、直辖市）无论是行政区划面积、人口，管辖的地市、区县、乡镇（街道）数量等方面的差距，还是各省（自治区、直辖市）教育行政部门管理的幼儿园数、幼儿教师数、幼儿数方面的差距都较大，管理幅度、难度各不相同，因此应该根据各地管理的幅度和难度合理设置学前教育管理机构和配备管理人员，并提出相应的指导标准，而不是仅仅提出"建立和健全"管理机构，"配备和充实"行政管理干部（庞丽娟，范明丽，2012）。还有研究者指出，针对当前学前教育管理体制组织机构不健全、管理力量薄弱的现状，"市里和各县、区都应当成立农村学前教育领导小组，领导小组设办公室，作为政府的常设办事机构，会同妇联、教育局等单位，领导与协调全市农村学前教育的保教业务、师资培训和科研工作"（骆正军，周艳红，吴瑜，2005）。

第五，在学前教育的督导评估与问责方面，有研究者指出，当前改革和完善我国的学前教育管理体制还需要"加强督导评估"（程方生，2003；李向东，2004；郭维平，2007）。具体而言，要明确建立学前教育事业发展与质量评估制度，建立健全学前教育发展的督导和问责制度，将各级政府发展学前教育的责任及其落实、规划、实施、经费投入及教师队伍建设等情况作为考核各级政府、教育行政部门及相关主管部门及其领导的重要内容，并将结果向社会公示（庞丽娟，2011b）。

五、已有研究评析

综上所述，已有研究对当前我国学前教育管理体制改革进行了一定的理论和实践探索，为进一步研究提供了宝贵的启示与参考。同时，我们也发现，目前的研究还存在一些不足和有待于进一步深入探讨的问题。

（一）已有研究的启示

第一，多学科视角。已有研究中，学者从制度、结构关系、体与制的关系等视角对教育管理体制的概念进行了界定，有助于我们借鉴教育管理体制概念，从而全面掌握学前教育管理体制的内涵。同时，有学者从公共行政学与行政法学的视角对教育管理体制各要素之间的关系进行了诠释。另外，一些研究者从其他学科视角切入教育行政学研究领域的思路，也为我们剖析学前教育管理体制及其改革研究的核心要素提供了启示。

第二，问题分析与对策建议相结合的研究思路。对于学前教育管理体制及改革进程中存在的问题及其影响因素方面，已有许多研究者对其进行了广泛的探讨，并提出了不少有价值的观点。各地在探索改革学前教育管理体制方面也进行了诸多尝试，并取得了不少有益的成果，这对于我们明晰并进一步剖析学前教育管理体制问题、影响因素及其原因并提出破解问题的政策建议，提供了研究思路方面的启示与研究观点方面的重要参考。

第三，个案研究的比照、参考作用。已有对全国各地教育改革政策探索和成功经验的研究，对于思考和解决当前我国学前教育管理体制存在的问题，分析和判断个案区县改革与完善学前教育管理体制各项政策举措的经验与不足，具有重要的参考意义。从已有研究中可知，当前各地在完善学前教育机构设置、职权责体系及其关系体系，建立健全相关机制与制度方面，都因地制宜地进行了各种探索，其可以为我们提出改革、完善当前学前教育管理体制的政策建议提供借鉴。本书通过对政策实施背景与动因、实施效果、实施中的困难进行全面、系统的分析，客观评价各地的系列政策举措，从而提出更具可推广性和可操作性的政策建议。

（二）已有研究的不足

第一，对学前教育管理体制改革的基本理论问题研究不足。已有研究对教育管理体制、学前教育管理体制的内涵与功能进行了较为深入的论述，然而对学前教育管理体制改革的本质、功能和意义尚未阐述明晰，而这恰恰是分析学前教育管理体制改革的理论前提，是本书研究的元问题。为了深入探讨当前我国学前教育管理体制改革的现状和存在的主要问题，并分析这些问题究竟会对学前教育事业发展、教育事业发展乃至国家经济社会发展产生哪些影响，则需要对学前教育管理体制改革的本质、特性、意义和功能等进行深入研究。

第二，对当前我国学前教育管理体制及其改革的主要问题、原因的把握和剖析不够深入。已有研究多是描述了学前教育管理体制存在问题的现实表现，缺乏对其产生机制和深层次影响因素的剖析；有限的对学前教育管理体制改革的困难和可能风险进行预测的研究，其分析维度也较为零散，不成系统，且现象描述多于问题剖析，没有充分揭示出问题的本质。当前对学前教育管理体制及其改革存在的主要问题和影响因素的剖析有待于深入到更宏观、更深层次的体制、机制、制度层面。

第三，研究对象以地方性探索为主，缺乏高位、宏观的整体性研究，且政策建议不够宏观。已有研究或集中探讨某一地区的学前教育管理体制改革问题及其产生的原因，或对学前教育管理体制改革的某一方面的问题及原因进行探讨，宏观性、整体性不够。此外，囿于当前我国整个学前教育管理体制学术研究群体的学术积累仍然不尽充分，已有关于解决学前教育管理体制及其改革过程中遇到的问题的政策举措也多以介绍地方经验为主，且停留在解决外显的机构设置问题层面，未充分深入到机构设置背后的职、权、责配置等方面。在当前已有的研究中，部分政策建议能够在一定程度上反映出解决问题的症结所在，但是建议还比较概括，多以指出大方向为主，可操作性不强。

第四，已有研究视野不够广阔，采取的方法相对单一。已有研究虽然在一定程度上借鉴了公共行政学、行政法学等的研究思路，然而对于当前世界其他国家和我国政府治理模式转型的趋势的研究和关注不够，未能跳出教育和管理领域，从更加宏观的视野来探讨学前教育管理体制改革问题。在研究方法上，已有研究或采用调查法揭示学前教育管理体制改革的现状和问题，或采用个案法对某一地区的学前教育管理体制改革经验进行介绍，并在此基础上提出推广性的建议，缺乏各种方法的综合运用与相互印证，鲜有将理论与实证研究紧密结合、综合运用多种方法的研究。

第三节 我国学前教育管理体制改革的研究问题与研究意义

一、研究问题

当前，我国"政府主导"发展学前教育已经成为政策导向，然而，政府在学前教育事业发展中的职能定位如何明确？边界划分如何更加科学？如何建立健全、科学、适宜、有效的学前教育管理体制，切实发挥政府的主导作用，成为当前我国需要重点关注和迫切解决的问题。在对学前教育管理体制改革的本质、特性、意义和功能进行深入研究的基础上，结合对已有研究成果的梳理和分析，本书着重探讨以下三个子问题。

（一）我国学前教育管理体制的现状与改革存在的主要问题

1）当前我国学前教育管理体制的现状如何？是如何改革的？

2）当前我国学前教育管理体制改革存在的主要问题有哪些？会产生什么影响？

（二）我国学前教育管理体制改革的主要影响因素分析

1）影响当前我国学前教育管理体制改革的因素有哪些？

2）这些因素之间的相互关系及其作用机制如何？

3）政府治理模式转型及其对当前我国学前教育管理体制改革的影响是什么？

4）如何把握政府治理模式转型背景下我国学前教育管理体制改革的基本方向？

（三）在构建公共服务型政府的背景下，积极有效推进我国学前教育管理体制改革的制度设计

1）在构建公共服务型政府的背景下，我国学前教育管理体制改革的理念、宗旨与目标是什么？

2）实现学前教育管理体制改革"顶层设计"与"地方创新"有机耦合的路径选择是什么？

3）当前我国学前教育管理体制改革的制度应如何设计？

4）当前我国学前教育管理体制改革制度设计的政策实施要点有哪些？

二、研究意义

基于政府治理模式转型的背景，对当前我国学前教育管理体制改革进行系统研究，既是相关研究领域的重点和难点问题，也是学前教育事业改革发展，特别是实现体制机制创新，促进学前教育普及发展的迫切现实需求，具有重要的理论意义和实践意义。

（一）理论意义

首先，本书从政治学、政府学和行政管理学的角度，结合经济社会发展变革，对我国学前教育管理体制改革的历史、现状和问题及其制度基础进行深入

剖析，一方面，可以丰富学前教育管理体制及其改革的理论研究，尤其是能体现教育管理体制在学前教育阶段的特点、改革的现实意义与价值；另一方面，可以丰富和充实教育行政、教育管理领域的相关研究。

其次，管理体制改革是当前学前教育领域研究的重点和难点问题，也是今后较长时期内教育行政和教育政策等领域研究的重要主题。对其进行深入研究，有助于改变当前教育行政管理研究中义务教育、高等教育相关研究较多而学前教育管理体制研究相对薄弱的状况，可以丰富和充实学前教育管理体制改革的相关研究。

最后，在政府治理模式转型背景下对学前教育管理体制进行研究，有助于进一步构建学前教育管理体制理论，对于丰富和发展我国学前教育管理学科具有重要的意义。我国的学前教育管理学科一直以来主要把幼儿园内部微观管理，如幼儿园的人员管理、财务管理、教学管理、一日生活管理等方面的研究作为关注的重点，研究问题小而散，存在"只见树木不见森林"的现象。因此，从整个教育的大背景和整个社会环境的角度，基于政府治理模式转型对当前我国学前教育管理体制改革方向进行分析，并结合教育行政与教育政策等研究中的制度设计相关理论对学前教育管理体制进行制度设计，对于学前教育管理体制及学前教育管理学科建设具有重要的理论意义。

（二）实践意义

学前教育管理体制改革不仅是公共管理、教育行政和学前教育领域的重要理论问题，而且是决定学前教育事业发展方向和发展水平的重要现实问题。近年来，学前教育的热点、难点问题持续升温和发酵，在当前我国提出普及学前教育发展的中长期战略的指引下，探讨学前教育管理体制改革的基本方向和制度建构，具有重要的实践意义，具体表现为以下方面。

首先，从学前教育事业普及发展的现状与问题来看，学前教育管理体制改革对于明确、强化并落实政府主导责任具有重要意义和价值，是破解学前教育普及发展中深层次矛盾的核心与关键。对当前我国学前教育管理体制改革现状及问题进行探讨，对影响学前教育体制改革的深层次因素进行剖析，有助于清晰地把握当前我国学前教育体制机制改革和创新的脉搏，能为进一步的制度设计奠定基础。

其次，对当前我国政府治理模式转型进行研究，并探讨和分析政府治理模式转型对学前教育管理体制改革的影响，可以厘清我国学前教育事业发展的思路和取向，科学把握学前教育管理体制改革的基本方向，并确立符合我国学前教育发展特点的行政管理模式。

最后，吸收和借鉴国际和当前我国各地学前教育管理体制改革的成功经验，并将其上升为规律或模式，对当前我国学前教育管理体制改革进行整体制度设计并把握其政策实施要点，实现体制改革"顶层设计"与"地方创新"的有机耦合，构建适宜的、科学的学前教育管理体制，推进并保障学前教育普及战略目标的实现，具有重要的现实意义。

第四节 我国学前教育管理体制改革的研究思路与研究设计

一、研究思路

本书以"政府主导"发展学前教育为切入点，以公共服务型政府理论为基本视角，按照理论探讨与实证分析相结合、个案剖析与规律探讨相结合的研究思路，对学前教育管理体制改革的现状、问题和对其主要影响、制约因素的深入剖析相结合，在此基础上科学地把握我国学前教育管理体制改革的基本方向，并进行宏观、顶层制度设计，以有效推进我国学前教育管理体制改革。

（一）以公共服务型政府理论为基本视角

学前教育作为国民教育的奠基阶段，是基本公共服务体系的重要组成部分，是一种公益性日渐趋强的准公共产品，政府对于学前教育事业发展具有不可替代的主导责任。当前，我国在政府治理模式转型的大背景下，越来越强调以人为本的施政理念，努力构建现代公共服务型政府。本书以公共服务型政府理论为基本视角，对当前我国学前教育管理体制改革进行研究，在遵循教育规律的基础上，关照到教育须与经济社会发展相适应的客观规律，通过分析政府治理模式转型及公共服务型政府对行政体制、财政体制改革的影响，来把握学前教育管理体制改革的宏观背景和理念内核。同时，在探讨新形势下如何加强和优化政府公共服务理念的基础上，通过把握政府职能转变和结构调整等行政改革的核心,分析如何明确、强化并落实政府在学前教育事业发展中的主导责任,并在深入研究当前我国学前教育管理体制改革存在的问题、制约因素的基础上,提出相关的建议。

(二)理论探讨与实证研究相结合

基于政府治理模式转型的学前教育管理体制改革研究既是关于治理理论、公共服务型政府理论、制度变迁理论和新公共管理理论等的综合性理论研究,也是对当前我国学前教育管理体制改革现状、问题和制度设计的现实关照。基于此,本书将理论探讨与实证分析相结合,理论研究用以解释说明学前教育管理体制改革的方向与目标应该是什么、为什么应该这样等规范性问题;实证研究用以说明当前我国学前教育管理体制改革中主要存在哪些问题,哪些因素制约了改革进程,以及各地的有益探索等。具体而言,本书以政府治理模式转型下的公共服务型政府理论为基础,深入分析政府在学前教育事业发展中的重要地位,探讨如何通过有效的权责配置完善学前教育管理体制,促进我国学前教育事业公平、普及发展。与此同时,本书通过调查研究与实证分析,剖析了我国学前教育管理体制改革的现状、问题和制约因素,对各地的改革探索和经验进行了总结。本书用实证研究印证理论研究的假设,用理论研究指导实证分析与制度设计,两者相互结合、互为补充,共同探讨我国学前教育管理体制改革的应然、实然要求与未来的发展方向和制度建构。

(三)问题分析与对策建议相结合

问题分析与对策建议相结合也是本书遵循的研究思路之一。发现、剖析当前我国学前教育管理体制改革中出现的问题,并结合实际情况提出改进的对策建议,是促进学前教育事业健康、稳定和可持续发展的重要保障。针对我国学前教育管理体制存在的诸如政府职责不明确、各层级政府及其相关职能部门权责配置不合理、机构设置不健全、人员配备不合理、督导评价不到位等现实问题,以及当前学前教育管理体制改革过程中呈现出来的改革方向尚不明确、改革措施不够到位导致的管理层级提升不足、纵向、横向协调机制尚不完善等问题,在分析其深层次制约因素的基础上,综合考虑我国经济社会发展状况和学前教育事业发展需求,遵循制度设计的基本原则与方法,在基于问题分析的基础上,提出有效推进学前教育管理体制改革,促进学前教育普及发展的对策和建议。

（四）个案剖析、规律探讨与制度设计相结合

个案剖析与规律探讨相结合是基于政府治理模式转型的学前教育管理体制改革研究的基本思路。本书一方面通过国际、国内比较，尤其是对当前我国不同经济发展水平地区在学前教育管理体制改革中的实践探索等鲜活个案进行剖析，分析其经验、教训；另一方面在政府治理模式转型的宏观背景下，对学前教育管理体制改革进行规律探讨和方向把握，进而对当前我国学前教育管理体制改革进行制度设计与建构。本书将个案剖析、规律探讨与制度设计相结合，通过对国际和国内，尤其是国内不同经济发展水平地区学前教育管理体制改革探索的经验总结，自下而上地归纳出学前教育管理体制改革的成功模式；通过对公共服务型政府理论的把握及对学前教育管理体制改革的要求进行研究，探讨在政府治理模式转型背景下学前教育管理体制改革需要遵循的客观规律，自上而下地进行理论建构。在此基础上，建构既符合政府治理模式转型和公共服务型政府建设的大背景，又能保障学前教育普及目标得以实现的学前教育管理体制。

二、研究设计

（一）核心概念界定

1. 学前教育管理体制

按照教育管理学的理论，学前教育管理体制有广义和狭义之分，广义的学前教育管理体制包括学前教育行政管理体制和学前教育机构（主要是幼儿园）内部管理体制，狭义的学前教育管理体制指宏观学前教育管理体制。本书主要探讨宏观层面的学前教育管理体制，即学前教育行政管理体制。这个意义上的学前教育管理体制隶属于公共管理的范畴，指国家各级政府及其相关职能部门（主要归口到教育行政部门）管理学前教育事业的组织机构体系、职权责划分及内外部关系体系的相关机制、制度的总称。

学前教育管理体制是整个学前教育体制得以运行的保障，它对学前教育体制机制改革和发展的方向、速度、规模有直接的影响，涉及学前教育行政管理系统的机构设置、职责范围、隶属关系、权力划分和运行机制等方面，其外延

包括以学前教育领导体制、办园体制和投入体制为核心的一系列学前教育体制机制。改革即"改良、革新",是指改掉已经存在但不合理的部分,使之更加合理和完善。学前教育管理体制改革是指在中央顶层设计和地方创新的双重驱动下,为克服现有学前教育管理体制中的弊端,使其更加合理、完善,以适应经济社会和学前教育事业发展需要对学前教育管理体制进行的改良和革新。

2. 政府治理模式

政府治理模式是指政府运用怎样的手段来行使社会管理职能,具体而言包括理念或理论基础、政府治理的主体结构、治理的运行机制及其运行绩效,以及政府治理的历史和现实经验、存在的主要问题等要素,与社会发展态势紧密相连。在人类历史上,政府治理模式经历了从统治型到管制型或管理型,再到公共服务型的转变。当前,世界各国的政府治理模式正处于转型期,从管理手段来看,逐步从行政管制型政府向公共服务型政府转变;从政府性质的定位来看,逐步从无限全能型政府向有限有效型政府转变。

3. 公共服务型政府

在治理理念上,公共服务型政府指的是以公民为本位、以社会为本位、以权力为本位的政府,是对公共服务型政府性质的重新定位,即从"理性经济人"的角色发展为"公共利益代言人"的角色;从治理的目标来看,公共服务型政府的目标本质上是为人民服务,即以服务为宗旨,对象是全体公民,因此公共服务型政府的施政目标是由公众来决定而不是由政府来决定,公共服务型政府的所有作为都应该为群众的利益和社会的发展服务;在治理方式上,公共服务型政府是有限有效型政府,按照公民—市场—社会—政府的顺序来构建政府职能,治理手段是民主和法治,所谓有限有效型政府的职能主要包括经济调节、市场监督、社会管理和公共服务,其最本质的职能即提供公共产品和公共服务;在治理内容上,公共服务型政府最重要也是最基本的职能就是组织和保证包括学前教育在内的公共产品和公共服务的供给。

4. 权责配置

权责配置指国家各层级政府之间和政府各相关职能部门之间对于学前教育事业发展的职、责、权、利的划分,其中责任和权力是配置的核心和关键性内容,二者应具有逻辑上的一致性和实际操作上的对应性。各级政府之间和政府各职能部门之间的财权和事权基本匹配是学前教育管理体制改革中权责配置的基本原则和方向。

5. 省级统筹、以县为主

其核心是加大省级政府对省域内学前教育的统筹领导责任及县级政府对县域内学前教育的管理和指导责任。省级政府及其教育行政部门负责根据中央的相关法律法规、政策和宏观规划，制定全省（自治区、直辖市）学前教育事业发展规划及相关政策并指导实施；明确本省（自治区、直辖市）的学前教育财政投入、教师队伍建设规划并保障落实，推动学前教育事业发展的省域内均衡；整体规划并加强幼儿师范教育，制定全省（自治区、直辖市）在职教师和园长培训规划与考核办法；建立学前教育督导机构，加强对省域内学前教育的全面督察和指导。

县（区）及县级市政府作为推进学前教育三年行动计划的基本单位，要切实承担起管理、指导县域内学前教育发展的主体责任，贯彻落实中央、省（自治区、直辖市）、市有关学前教育发展的方针、法律法规、政策、规划及各项规章制度，制定县域内学前教育发展规划并统筹管理本辖区的学前教育；规范幼儿园教师人事聘任、考核制度，依据县级财力优先保证编制内幼儿园教师的工资、津贴与福利待遇，督促并支持各类性质幼儿园落实非在编教师的基本工资待遇、社会保障及福利等；保障县域内幼儿园的合理布局、规范运转。

（二）研究方法

在具体研究方法上，本书根据研究进度安排，综合运用文献法、访谈法和个案法等多种研究方法，多途径、多方面来分析当前我国学前教育管理体制改革存在的主要问题及其影响和制约因素，并在此基础上基于政府治理模式转型的宏观背景提出改革的基本方向，进行学前教育管理体制改革的制度设计，以求相互补充、彼此印证。

1. 文献法

（1）研究目的

文献法是本书采用的基本方法，主要目的在于：第一，夯实研究的理论基础，建构科学、合理的理论分析框架；第二，全面掌握我国学前教育管理体制改革涉及的法律、法规和政策的基本情况；第三，分析、揭示制约我国学前教育管理体制改革的政策和制度性因素，为调整和完善相关政策制度奠定基础；

第四，了解我国和其他国家学前教育管理体制改革的有益经验与存在的主要问题，为经验迁移、推广与制度设计提供借鉴和启示。

（2）研究对象

根据研究目的，本书主要选取以下三类研究对象：第一，中央及地方政府出台的关涉学前教育管理体制改革的法律法规、政策文件、政府工作报告以及已经公开的相关提案、议案等；第二，与学前教育管理体制改革相关的行政人员讲话、会议记录、新闻访谈以及新闻媒体刊载的有关地方学前教育管理体制改革经验和发展模式的报道等；第三，与学前教育管理体制改革相关的研究文献，包括研究专著、研究报告、研究论文、学位论文、会议论文等。

（3）研究程序

结合研究目的的需要和研究对象的特点，文献法研究主要分为以下三个阶段：第一，法律法规及政策文本分析阶段。通过对中央及地方政府出台的关涉学前教育管理体制改革的法律法规、政策文件、政府工作报告及相关议案、提案等进行文本分析，把握我国学前教育管理体制改革的演变历程、现状与主要问题，为进一步分析深层次影响和制约因素，并探讨学前教育管理体制改革的基本方向与可能路径打下基础。第二，研究性文献分析阶段。广泛查阅、搜集、整理和分析与学前教育管理体制改革相关的理论和实证研究文献。理论性文献研究主要通过对观点、思想的整合与分析，形成本书的理论分析框架与逻辑起点；实证性研究文献主要是在理论的指导下，通过梳理和分析我国学前教育管理体制改革的主要问题、影响因素、改革探索等，为把握改革方向和进行制度设计提供基础。第三，经验报道与其他相关素材分析阶段。重点对行政人员讲话、会议记录、新闻访谈，以及新闻媒体刊载的地方学前教育管理体制改革与管理模式创新等相关报道进行分析，为学前教育管理体制改革的方向和制度设计提供启示和借鉴。

2. 访谈法

（1）访谈目的

访谈法是本书采用的重要方法，主要目的在于通过对学前教育管理体制改革相关领域的研究者和实践者进行访谈，深入探讨其对以下问题的看法：学前教育管理体制改革的现状如何？主要存在哪些问题？当前我国学前教育管理体制改革的主要影响因素有哪些？其中，政府治理模式转型和公共服务型政府建设对学前教育管理体制改革已产生、正在产生或将会产生怎样的影响?基于此,学前教育管理体制改革面临着怎样的挑战?其改革的基本方向是什么?应该怎样从宏观层面对我国的学前教育管理体制改革进行制度设计,并提出创新和完善学前教育管理体制,促进学前教育健康、有序、可持续发展的对策和建议?

(2)访谈对象及其选取

根据研究主题、访谈目的和访谈重点的不同,本书选取与学前教育管理体制改革相关的行政管理者、专家学者和幼儿园园长三类群体进行访谈。

首先,是行政管理者。本书将行政管理者作为访谈的首选对象,主要出于以下考虑:其一,行政管理者对学前教育管理体制改革相关的法律法规、政策文本的制定和执行过程较为了解,可能直接负责或间接参与过学前教育管理体制改革相关法规政策的制定;其二,行政管理者对政府发展学前教育的责任和学前教育管理体制改革有较为直接、充分的认识,不同层级的行政管理者在学前教育管理中都兼具决策者和执行者的双重身份,对当前我国学前教育管理体制改革的现状、问题、影响和制约因素等具有较为宏观和全面的把握;其三,由于工作需要,行政管理者对政府治理模式转型和公共服务型政府建设,以及在此过程中如何进行学前教育管理体制改革和机制创新有较多思考。可见,对其进行访谈,有助于深入了解并剖析当前我国学前教育管理体制改革的现状、问题和深层次影响、制约因素,并为进一步改革和完善学前教育管理体制提供重要的启示和借鉴。

其次,是专家学者。本书将专家学者作为访谈的重点对象,主要原因在于:其一,专家学者作为学前教育管理体制改革及其相关主题的研究者,拥有本领域坚实的理论背景,能以独特的视角从整体上把握学前教育管理体制改革,且对学前教育管理体制改革的应然与实然要求有较为深入的认识;其二,专家学者作为学前教育管理体制运行的第三方,能站在较为客观的角度把握学前教育管理体制改革的现状和问题,并能深入剖析其影响、制约因素;其三,有的专家学者作为政策咨询专家,直接或间接参与了学前教育管理体制改革相关政策的制定,能够将理论思考、政策制定及其实施实践紧密结合,其政策建议对进一步改革和完善学前教育管理体制具有重要的借鉴与启发价值。

最后,是幼儿园园长。幼儿园园长本身就是管理者,虽然其主要从事幼儿园内部管理,但是与各类行政部门联系密切,对学前教育管理体制改革的现状尤其是问题感触颇深。通过对其进行访谈,可以更深入地了解当前我国学前教育管理体制改革的现状与存在的问题。同时，幼儿园园长对学前教育管理体制的期望也可以为进一步提出学前教育管理体制改革的政策和建议提供有意义的启示。

此外，根据研究目的，本书还采取了"分层抽样"和非概率抽样的"目的性抽样"来选取研究对象，并对不同人群运用不同的方法来取样。

第一，地区分层抽样。本书主要根据三个原则来确定行政管理者和幼儿园园长两类访谈对象的来源地区：其一，当地经济社会发展水平，访谈对象来源地区的取样将兼顾东、中、西部地区，以及农村和城市地区；其二，当地学前教育普及与发展水平，本书在参照各省（自治区、直辖市）幼儿教育事业"九五"发展指标统计中按学前教育发展水平划分的三片地区①的基础上，结合当前我国各省（自治区、直辖市）学前教育事业发展水平的较大变化，选取能代表学前教育发展高、中、低水平的地区；其三，在关注学前教育事业发展最新动态的基础上，选取近年来积极探索学前教育管理体制改革并取得初步成效的区域。需要说明的是，在调研过程中，本书根据已有研究基础和调研、访谈的实际可行性，并结合已经访谈的行政管理人员和专家的推荐，根据研究的实际进展适度调整了访谈对象的来源区域。

第二，政府分层抽样。根据研究主题的需要，本书以政府层级为主要依据，选取中央、省（自治区、直辖市）、地市、区（县）、乡镇（街道）五级政府中的行政管理人员作为访谈对象。同时，随着《国家中长期教育改革和发展规划纲要（2010—2020年）》《国务院关于当前发展学前教育的若干意见》的颁布，越来越多的地区开始探索并实施"省级统筹，以县为主"的管理体制，因此本书将中央、省（自治区、直辖市）、区（县）三级政府及其相关职能部门的行政管理人员作为重点访谈对象。

第三，部门分层抽样。学前教育事业发展涉及多部门的协作，是一项复杂的系统工程。因此，本书根据相关政策规定以及学前教育事业发展和管理体制改革的实际情况与需求，重点选取教育行政部门、发展改革部门、财政部门、机构编制部门、人力社保部门、国土资源部门、住房建设部门和规划部门的行

---

① 其中第一片地区包括北京市、天津市、辽宁省、吉林省、上海市、江苏省、浙江省、山东省、广东省等9个省、市；第二片地区包括河北省、山西省、黑龙江省、安徽省、福建省、江西省、河南省、湖北省、湖南省、海南省、四川省、陕西省、重庆市等13个省、市；第三片地区包括内蒙古自治区、广西壮族自治区、贵州省、云南省、西藏自治区、甘肃省、青海省、宁夏回族自治区、新疆维吾尔自治区等9个省、自治区。关于印发《全国幼儿教育事业"九五"发展目标实施意见》的通知［EB/OL］. http://www.moe.gov.cn/srcsite/A06/s3327/199707/t19970717_81983.html［2019-10-15］.

政管理人员等作为研究对象。

第四，园所分层抽样。学前教育管理体制改革关涉幼儿园的审批注册、日常管理、评优定级等方方面面的内容，不同性质和类别的幼儿园在管理归属、发展需求等方面的侧重点也有所不同。因此，本书以园所性质为主要依据，综合考虑地区、城乡差异，主要抽取公办、公办性质和民办幼儿园的园长进行访谈，力图使访谈对象具有代表性。

第五，专家分层抽样。本书涉及教育学、公共管理学、行政学、财政学、政策科学等多学科领域，且学前教育管理体制改革的核心是财权、事权（包括决策权、人事权等）与发展学前教育责任的配置，因此对专家学者的选取按照学前教育、教育经济、教育管理、教育政策、政府学、公共行政与管理等几个层面进行，以从不同视角获取对学前教育管理体制改革的认识和观点。

三类访谈对象的选取结果具体如表 1-1、表 1-2 所示。

表 1-1　行政管理者、幼儿园园长选取数量与分布　　　单位：人

访谈对象分布	中央	北京市	湖南省	山东省	辽宁省	河北省	安徽省	陕西省	天津市	合计
行政管理者	2	3	6	5	2	7	2	—	2	29
幼儿园园长	—	4	5	10	—	12	4	7	3	45

表 1-2　专家学者选取数量与分布　　　单位：人

领域	学前教育	教育经济	教育管理	教育政策	政府学	公共行政与管理	总计
数量	6	3	3	3	2	2	19

（3）访谈形式与访谈重点

根据访谈目的，结合不同访谈对象的特点，本书采用自编访谈提纲的方式，对行政管理者与专家学者采取一对一的深度访谈形式，对幼儿园园长采取一对一访谈与座谈相结合的形式。首先，对于行政管理者，重点了解其对政府治理模式转型和构建公共服务型政府的实践的认识及其对我国学前教育管理体制改革的影响；对当前我国学前教育管理体制改革现状的评价、应然的构建、制约因素及完善创新的看法；对当地进行学前教育管理体制改革的理念宗旨、主要举措、取得的主要成效、面临的主要问题以及拟解决的思路与方案等方面的看法。其次，对于专家学者，基于其学科背景，重点了解其对政府治理模式转型和构建公共服务型政府的理论思考；对我国学前教育管理体制改革的现状与问题、主要影响和

制约因素以及在政府治理模式转型大背景下学前教育管理体制改革基本方向的把握；对我国学前教育管理体制改革的制度设计及其政策实施要点的看法。最后，对于幼儿园园长，主要了解其对学前教育管理体制改革的认识和态度；对当前学前教育管理体制改革中存在的问题及其原因、影响、对策建议的看法。

（4）研究程序

第一，编制访谈提纲。根据不同的研究目的和访谈对象特点，本书自主设计包括行政管理者访谈提纲、专家访谈提纲和幼儿园园长访谈提纲在内的三类访谈工具，并根据行政管理者所在的地区、政府层级和部门，专家的研究领域和幼儿园的不同性质、类别，在访谈重点方面进行适当调整。

第二，完善访谈提纲。采用专家评定的方式对访谈提纲进行修改和完善，并选取部分访谈者开展预访谈，结合预访谈情况对访谈提纲进行再次修订、完善，最终形成正式访谈提纲。

第三，开展正式访谈。联系访谈对象并获得对方许可；以一对一面谈的形式，与行政管理者、专家和幼儿园园长进行每次持续时间为 1 小时左右的访谈，并根据研究进展和访谈实际情况，酌情预约被访者进行多次深入访谈。在访谈过程中，注意将半结构访谈与随机追问相结合，为保证访谈与分析的可信度和有效性，会在征得对方同意的前提下全程录音。

第四，对访谈资料进行编码、整理与分析。

3. 个案法

（1）研究目的

个案法是本书采用的核心方法。为深入地考察和分析学前教育管理体制改革的相关问题，尤其是对管理体制改革提出有意义且可操作的政策建议，本书主要选取学前教育管理体制改革力度较大或已经取得积极效果的地区进行个案分析，以期从地方政府改革探索中获取发展思路与经验。个案分析主要揭示以下内容：其过去和现在发展中存在的主要问题；推进管理体制改革的重要举措，正在着力解决的问题；进一步改革的思考与探索等。

（2）研究对象及其主要研究内容

首先，是 B 市 M 县。B 市属于直辖市，M 县是 B 市远郊十区县之一，经济发展相对落后，但 M 县的学前教育管理体制改革起步较早且推进得卓有成效。M 县在"以县为主""农村幼儿园挂靠小学管理""三教统筹联席会议制度"等方面的学前教育管理体制改革成效显著，有效促进了当地学前教育事业，尤其是农村地区学前教育事业的健康、快速发展，可以作为本书的县级典型个案，为我国在县域范围内农村地区学前教育管理体制的改革提供了一定的启示和借鉴。

其次，是 S 省 W 市。S 省是东部沿海大省，W 市属于地级市，在 S 省的经济社会发展中处于中上水平，一直重视教育事业发展，其"市级统筹，以县为主、县镇（街道）两级共管"的学前教育管理体制改革和督导评估开展得卓有成效。从 2011 年开始，W 市政府下设的督查室把幼儿园的建设和发展列为 W 市的年度重点督查项目。上半年开始集中对全市所有的县、市、区全部督查一次，下半年则专门针对部分进展较慢的地区进行有重点的督查，从而有力推动了当地幼儿园建设进度和学前教育良性发展。在当前我国行政体制改革涉及政府间关系调整的背景下，分析并研究 W 市学前教育管理体制改革的先进经验，可以帮助我们了解政府如何起到承上启下的作用，以及如何充分发挥督政作用，为积极推进政府及其职能部门的绩效管理提供启示和借鉴。

最后，是 H 省。H 省主要以农村地区为主，其经济社会发展在全国处于中等水平，且发展很不平衡，兼具我国东、中、西部地区的特征。H 省政府历来重视学前教育事业发展，且在事业稳步推进过程中积累了很多管理经验，尤其是其学前教育管理体制改革中的"三级两线"管理体系、"幼小一体化"的学前教育管理模式等，既可以为我国各地学前教育管理模式的选择提供一定的借鉴和参考，也可以以小见大，为全国学前教育管理体制改革的分阶段、分区域逐层推进提供一定的参考和启示。

（3）研究程序

首先，进行文献分析。通过梳理和分析相关政策文本、研究文献等对个案地区学前教育管理体制及其改革的现状、特点与经验、问题与影响等进行研究，为进一步实地调研奠定基础。

其次，进行实地调研。根据研究目的与需要，并结合研究条件的可行性，对三个个案地区进行各有侧重的实地调查。对 B 市 M 县和 S 省 W 市分别进行有针对性的实地调查，各持续一周左右。对 H 省进行长期蹲点调查，不仅从省级层面进行调研，也从地市级和县级层面进行调研。研究主要通过访谈、座谈、实地观察等方式对个案地区学前教育管理体制改革相关的政策制度、现状、问题、制约因素、改革经验，以及可能存在的问题和进一步的探索进行深入考察。

最后，进行个案分析。整理、分析调研数据和资料，结合个案地区的经济社会发展水平和学前教育发展状况对其学前教育管理体制改革进行深入研究与分析，在此基础上互为补益，为进一步推进我国学前教育管理体制改革提供有益的经验启示和政策建议。

第二章
理论分析框架

　　社会公共需求与政府公共供给之间的关系（简称公共供求关系）是公共行政研究的基本主题，在行政学研究中具有重要的地位和作用，公共供求关系的变化决定了政府公共行政模式的发展和公共行政理论范式方面的演变。学前教育作为基础教育的基础组成部分、国民教育体系的奠基和重要的社会公益事业，具有准公共产品的性质，并且其公共性正日趋增强。本书尝试以公共供求关系基本理论——公共产品理论和公共管理理论——为理论依据，以公共服务型政府建设为基本视角，建构政府治理模式转型背景下我国学前教育管理体制改革研究的分析框架。

第一节　研究的理论依据：公共产品理论与公共管理理论

　　公共产品理论主要是从经济学的视角，而公共管理理论则主要是从管理学和行政学的视角研究现代公共事务，二者分别从公共供求关系的需求和供给两个方面对其进行解释、分析，共同构建了公共供求关系的基本理论。

一、公共产品理论

　　公共产品，简单来说就是公共使用或消费的物品，最初由瑞典经济学家林达尔（E. R. Lindahl）在分析多个消费者共同纳税分担一件公共产品的成本问题时提出。林达尔认为每个人在总税额中应纳的份额应该与他从该公共产品消费中享有的效用价值相等，即达到"林达尔均衡"（Lindahl equilibrium）（Lindahl，1958）。20世纪50年代，美国经济学家萨缪尔森（P. A. Samuelson）从消费特征的角度定义了公共产品的两大基本特性，即非竞争性和非排他性，建立了公共产品研究的范式，后来人们对公共产品内涵的研究基本都遵循了这一思路。

公共产品理论是一种立足于系统研究市场经济条件，以及社会公众的公共需求与政府的公共供给二者之间的相互关系及其发展普遍规律的理论。具体来说，其主要包括三大理论，即公共产品需求弹性理论、公共产品供给结构演变理论和公共支出结构发展模型理论。

（一）公共产品需求弹性理论

公共产品需求弹性理论主要关注两大问题：第一，公众收入水平的提高在多大程度上能引起其公共服务需求的增长？第二，政府如何应对公共需求的增长，能否及时增加公共产品供给？其中，第一个问题是公共产品需求弹性理论的基础。为观察不同价格水平、收入水平下公共服务消费模式的差异，这一理论引入了两个核心概念，即"价格弹性"和"收入弹性"。所谓价格弹性，主要是指价格变动1%引起的公共产品需求量的变化，收入弹性是指收入水平每增长1%引起的公共产品需求量的增长（李军鹏，2010）。这一理论认为，公共产品需求弹性的改变会影响物品的公共性：当公共产品的需求弹性减小时，其公共性也相应降低；相应地，当公共产品的需求弹性增大时，其公共性也相应增加。

随着经济社会的发展，公众的收入水平不断提高，公众对政府提供的公共产品与公共服务的需求也不断增加。相应地，随着社会公共产品与公共服务需求的增加，政府公共支出的需求也必然不断增长，这就要求政府根据公共需求增长的具体情况适度增加公共产品和公共服务的支出。我国从2008年左右开始集中出现的"入园难、入园贵"问题，正是在社会公众收入不断提高，社会公众对学前教育公共产品的需求不断增长，然而20世纪末期的幼儿园转制风潮恰恰又导致了大量优质学前教育资源或流失、或转卖，普惠性学前教育资源极度短缺的情况下出现的。因此，在当前的情况下，政府就需要考虑应该如何应对公共需求的增长，能否及时增加公共产品供给这一问题。2010年，我国政府提出学前教育普及发展的战略，正是基于这一背景。

（二）公共产品供给结构演变理论

公共产品供给结构演变理论认为公共产品主要包括三大类，即维持性的公共产品、经济性的公共产品和社会性的公共产品，这三大类公共产品的供给结构与政府的职能演变具有高度相关性（李军鹏，2004）。其中，维持性的公共产品的作用主要是保证国家的安全存在和政府的正常运作，例如，政府的基本公共行政管理、国家的立法与司法，以及国防与安全等，属于缺乏弹性的"必需品"。维持性的公共产品的需求层次较低，政府在这方面的开支必不可少，但也不能太多，以避免机构臃肿、人员冗余导致的国家资源浪费。经济性的公共产品的作用主要是保障和促进国家经济稳定、可持续发展，如政府对一些社会公共项目和国有企业的资本投资，为某些经济产业活动提供的价格补贴，以及对可以直接促进经济社会发展的应用性研究进行的资金投入等，通常是生产性的，受益者主要为企业。社会性的公共产品的作用主要是为公民提供各项基本的社会服务，如教育和医疗卫生、环境保护、社会保障，以及福利性的收入转移（转移支付）等。在这些基本的社会性公共产品中，学前教育的社会收益率远超大多数其他社会性的公共产品。社会性的公共产品的需求收入弹性相对较大，只有经济社会发展到比较高的水平，公民才更有可能享受到较高水平的产品和服务。

需要特别说明的是，这三类公共产品在供给结构的演变上与政府的职能演变之间具有高度的相关性。从政府发展的历史来看，政府的最初和最根本职能就是提供维持性的公共产品。随着社会经济的不断发展，政府的职能也逐渐扩展到了经济领域，要保障国民经济的稳定发展，相应地，其提供的经济性的公共产品开始增多。随着社会发展和人民生活水平的不断提高，对公共产品的需求弹性逐渐增加，相应类别的公共产品的公共性也不断增强，于是政府的社会服务职能开始逐步占据重要位置，其提供的社会性公共产品比例也随之提高。

（三）公共支出结构发展模型理论

20世纪六七十年代，马斯格雷夫（R. A. Musgrave）和罗斯托（W. W. Rostow）基于公共产品供给结构演变理论的基本特征和观点，进一步研究并提出了公共支出结构的发展模型。该模型分别分析了在经济发展的起步阶段、发展阶段和成熟阶段政府提供经济性和社会性的公共产品的重心转移情况，并进一步分析了公共支出结构的长期变动趋势：①在正常情况下，公共行政、国防安全、立法司法等维持性的公共产品具有"必需品"的性质且相对比较恒定,因此,随着经济社会发展和政府公共支出总量的不断增加,维持性的公共产品支出占公共产品支出总量的比例将呈现出逐渐递减的趋势;②随着社会的发展,政府经济性支出占全部公共产品支出的比例将呈现出逐步下降的趋势,在政府经济性支出的内部,基础设施方面的投资也将经历一个"由高到低"的转换阶段,具体而言,在人均收入处于相对较低水平的国家,其社会公众对国家基础设施的需求上升速度相对较快,在人均收入达到中等程度以后,社会公众对基础设施的需求会逐步下降;③随着经济水平的逐步提高,社会服务性支出比例将呈现出逐渐上升的趋势,并且在社会服务性支出的内部,出于公平与均衡的考虑,作为二次分配的转移支付的比例也将会经历一个"由低到高"的转换阶段(李军鹏,2004)。

从世界范围来看,各主要国家的公共支出结构发展和演变基本遵循这一理论模型。自改革开放以来,我国各级政府高度重视经济发展,政府经济性公共支出占据了相当比例。自21世纪以来,我国着力建设公共服务型政府,政府的公共服务职能不断得以强化。依据公共支出结构发展模型理论,可以预见,从未来的长期趋势来看,社会服务性支出所占的比例将会越来越大。

二、公共管理理论

公共管理即公共组织中的管理。国家最重要的公共组织就是政府,因此公共管理的核心即行政管理,指政府依法运用公共权力,通过提供公共产品来实现公共利益,并接受公共监督的管理。基于有效指导且根本适合本书的理论选择思路,本书主要按照理论发展变化的顺序,并重点就古典公共管理理论、公共选择理论、新公共管理理论、新公共服务理论和治理理论进行分析。

(一)古典公共管理理论

古典公共管理理论基于英国经济学家亚当·斯密(A. Smith)的"理性经济人"假设,其研究范式主要由伍德罗·威尔逊(T. W. Wilson)、马克斯·韦伯(M. Weber)、弗雷德里克·泰勒(F. W. Taylor)和亨利·法约尔(H. Fayol)等共同奠定。19世纪末,美国学者威尔逊的《行政学研究》(1887年)一书开创了西方公共行政学研究的传统。其后,泰勒在《科学管理原理》(1911年)一书中提出管理的 4 类责任或条件，法约尔在《工业管理与一般管理》（1916 年）一书中提出了工业企业的 6 项活动、行政管理的 5 种职能和 14 个原则，分别奠定了科学管理和组织管理的基础。马克斯·韦伯在《社会组织与经济组织理论》（1920 年）一书中提出了科层制理论，其对理想科层制的建构与科学管理一起成为西方公共行政学的思想基础。泰勒的科学管理追求个体效率，法约尔的组织管理追求企业效率，马克斯·韦伯的科层制追求社会组织效率，虽然研究对象不同，但从总体来看，古典公共管理理论都强调以效率原则作为最高标准，始终把效率最大化作为其追求的目标。

（二）公共选择理论

公共选择理论的代表人物主要有两位，分别是美国学者詹姆斯·布坎南（J. M. Buchanan）和丹尼斯·缪勒（D. C. Mueller），旨在以理性选择为基础，将市场制度中的人类行为与政治制度中的政府行为纳入"经济人模型"的统一分析路径。具体而言，布坎南主要尝试运用了经济学的方法来分析政府的政治决策过程，并针对政府的本质属性和问题，尤其是"政府失败"这一普遍现象进行了深入的分析和探讨（Buchanan，Robert，1972）。与布坎南的观点一脉相承，缪勒进一步提出公共选择理论可以界定为是对"非市场决策"的研究，或更通俗地认为公共选择理论就是将经济学的分析方法运用到政治科学中（丹尼斯·C. 缪勒，1999）。总体而言，公共选择理论主要分析和探讨政府等公共部门的实际运行和作用机制，认为"政府失败"的原因在于：①公共选择是一个群体决策的过程，在这个过程中，集体决定主要是由具有代表性和话语权的个人偏好结合而成，因此在实际操作中就容易导致"多数人的暴政"的情况，有违公平正义；②政府等公共部门的决策机制主要是由一些当选的议员或者政治家、政客通过相应的政治规则来决定社会公共产品的供给，然而这些从政者最关心的问题是如何进一步赢得选举，从而有可能会产生公共选择不一定符合公共管理中效率原则的情况；③政府追求过度扩张政府规模与政府预算，利益集团媾和，缺乏竞争机制和降低成本的激励机制；④监督信息不完善，政府扩张导致寻租和行贿、受贿现象泛滥。鉴于此，公共选择理论倡导在公共部门恢复自由竞争，提高各项体制的运转效率。

（三）新公共管理理论

新公共管理理论是自 20 世纪 80 年代以来兴盛于英美等西方国家的一种新的公共行政管理理论，其代表人物主要有两位，即美国学者戴维·奥斯本（D. Osborne）与特德·盖布勒（T. Gaebler）。新公共管理理论和以布坎南、缪勒为代表的公共选择理论具有一些共同点，即二者都尊崇市场的力量，重视市场作用和市场机制。公共选择理论与新公共管理理论的区别在于，公共选择理论把政府与市场、社会的关系作为关注焦点，主张尽可能地减少政府的干预，通过充分发挥市场力量来解决政府面临的问题，改善政府困境；新公共管理理论关注的焦点则主要是在政府公共部门的内部，主张通过引进市场机制来提高效率，完善政府等公共组织。总之，"重塑政府"理论的重要主张就是运用"企业家精神"来改革政府等公共部门，并进一步强调政府与非政府组织、政府与私人部门之间的合作，强调政府的主要职能应该是"掌舵"，而非"划桨"。"掌舵的人应该看到一切问题和可能性的全貌，并且能对资源的竞争性需求加以平衡。划桨的人聚精会神于一项使命并且把这件事做好。掌舵型组织机构需要发现达到目标的最佳途径。划桨型组织机构倾向于不顾任何代价来保住其行事之道。"（戴维·奥斯本，特德·盖布勒，2006）

基于新公共管理理论，政府等公共部门应该发挥的作用是通过"穿针引线"，把社会稀缺的公共产品资源结合起来，从而达到为社会有效提供公共服务的目的。具体而言，政府既可以通过完善法律、建立规章、行政制裁、审批许可、税收制度、拨款补助等传统方式，也可以通过特许经营，或者建立公共部门和私人部门之间的创新型伙伴关系，甚至还可以通过志愿者协会、重新构造市场、种子基金，以及政府投资的回报性安排等先锋派的方式，为社会公众提供公共服务。

（四）新公共服务理论

新公共服务理论的主要代表人物是一对美国学者夫妇，即罗伯特·登哈特（R. B. Denhardt）和珍妮特·登哈特（J. V. Denhardt）。新公共服务理论主要通过公共取向、民主取向和社群取向这三大取向来批评新公共管理理论的所谓"市场模式"，主张要在公共行政管理改革中采用"参与式的国家模式"，强调政府应该保护公民的各项自由，并充分发挥社会与非政府组织在公共管理中的作用，充分发挥民主，特别是直接民主机制的重要作用。登哈特夫妇把批评和反思新公共管理理论作为建构其理论的出发点，认为新公共服务理论从逻辑起点上就有别于新公共管理理论，其基本原则是：①政府的职能是"服务"而不是"掌舵"，目的在于帮助公民充分表达其需要，并进一步满足他们的共同利益，而不是试图控制社会走向，甚至是将社会"掌舵"到一个新的方向；②公共利益是公共管理的最终目的，而不是其副产品，因此政府应该鼓励公民表达共同价值需求并形成共同的利益观念，而非仅通过促成妥协而简单地回应不同的利益需求；③战略地思考，民主地行动，确保政府具有开放性和可接近性，具有回应力，能够为公民服务，并且为公民创造机会；④服务于公民而不是顾客，政府必须关注公民的需要和利益，并且在提供公共服务时充分考虑到公正与公平，而非仅关注和迎合"顾客"一些自私的短期利益；⑤责任不仅仅是一个简单概念，而是有着深刻的内涵，政府须从仅关注市场这一单一因素转向综合考虑各种因素的综合影响，尤其是政治规范、依法行政、公民利益等复杂因素综合在一起产生的影响；⑥真正尊重"人"的价值，而不是仅仅关注生产力的价值，强调"通过人来管理的重要性"，政府及其参与的网络都需要以对所有人的尊重为基础，通过合作和分享领导权来运作；⑦公民权与公共服务的价值比企业家精神更重要，公共部门的行政官员有责任通过扮演"公共资源的管理者""公共组织的监督者""公民权利和民主对话的促进者""社区参与的催化剂""基层领导"等角色来为公民服务（珍妮特·V.登哈特，罗伯特·B.登哈特，2004）。

（五）治理理论

自20世纪90年代以来，"治理"一词开始在经济学、政治学、管理学领域广泛流行。治理理论的主要创始人之一詹姆斯·N.罗西瑙（J. N. Rosenau）指出："治理是由共同的目标支持，这个目标未必出自合法的正式规定的职责，也不一定需要依靠强制力量要求别人服从。它既包括政府机制，同时也包含非正式、非政府的机制。"（詹姆斯·N.罗西瑙，2001）英国学者格里·斯托克（G. Stoker）则认为，所谓"治理"主要包括五个方面的含义：①治理是指虽然出自政府，然而又不仅仅局限于政府的一整套社会公共机构及其行为者的自我运行方式。②治理概念明确地指出了在为社会以及经济问题寻求答案的过程中存在的界线和责任方面的不清晰以及模糊之处。③治理概念明确地肯定了涉及集体行为的各个社会公共机构之间存在的权力依赖关系。④治理指的是行为者网络的自主和自治。⑤治理理论认定，处理好公共事务的关键并不在于政府的权力有多大，也不在于政府通过下命令等权威方式来实施；政府可以动用新的工具和技术来控制和指引公共事务的发展，而政府的能力和责任也均在于此（格里·斯托克，华夏风，1999）。

总体来看，治理理论认为"公共治理"主要包括六大要素：①合法性（legitimacy），即社会秩序和权威被自觉认可和服从的性质和状态，主要指公民的共识和政治认同感；②透明性（transparency），即政治信息的公开化，包括政府的行政过程透明、公民知情权与公民参与；③回应性（responsiveness），即公共管理机构及其管理人员应该对公民的需求和要求做出及时和负责的反应，并且主动征询公民意见，解读政策和回答问题；④有效性（effectiveness），即公共管理机构设置合理，管理的程序科学、有效，管理的实践活动灵活、机动，能最大限度地降低公共管理成本，提高管理效率；⑤责任性（accountability），即人们应当对自己的行为负责，尤其是应保证公共组织与公务人员的职责与义务对等；⑥法治（rule of law），即法律，尤其是宪法应该是公共管理的最高准则，作为公共部门的政府必须依法行政，而作为国家最基本元素的公民则应当依法行使权利和履行义务。

第二节　研究的基本视角：公共服务型政府

学前教育作为国民教育体系的基础，是一种公益性日渐趋强的准公共产品，是教育基本公共服务的重要组成部分。从世界范围来看，多数国家的学前教育逐渐从私人责任转为公共责任，相应地，各国政府在发展学前教育事业方面也发挥着日益重要的作用。在当前世界各主要国家政府治理模式转型的大背景下，我国政府的施政理念也在发生转变，提出要以人为本，努力构建现代公共服务型政府。因此，本书以公共服务型政府为基本视角，分析和探讨当前我国学前教育管理体制改革的方向与制度设计。

一、公共服务型政府是政府治理模式转型的终极目标和基本模式

通过分析公共产品理论和公共管理理论的发展脉络，比较世界各主要国家政府的基本功能定位，可以发现，公共服务型政府逐渐成为现代社会政府治理模式转型的终极目标和基本模式。

第一，根据公共产品理论和公共管理理论的发展脉络及其主要观点，可以发现构建公共服务型政府将是政府治理模式转型的终极目标。19世纪后期和20世纪初期，德国社会政策学者瓦格纳和法国公法学者莱昂·狄骥先后分别从各自的学科角度出发，提出了"公共服务"的概念。其后，公共经济学家凯恩斯和萨缪尔森又以"公共产品""公共需求"等基本概念及其主要方法来研究公共服务，认为政府提供的公共产品与公共服务主要具有注重效率、公正平等及持续稳定三个方面的重要作用（保罗·A.萨缪尔森，1954）。后来，直到新公共管理运动登上历史舞台，公共管理研究才发生了重大的转变，开始由传统的公共行政研究范式向新公共管理研究范式发展。自此，公共服务才开始真正作为政府行政管理的核心内容而受到普遍关注，当代政府公共管理的基本模式也开始逐步过渡到公共服务型政府。20世纪初，登哈特等提出了新公共服务的理念，开始更加强调民主治理、公民权利，政府对公共服务需求的回应性，以及政府提供服务的公共性和公平正义性，这才引起人们对主要以公共选择理论为基础，并与其一脉相承的新公共管理运动的反思，并开始对通过将政府提供的公共服务大规模市场化来换取效率的做法进行更加审慎的考察。随着社会发展越来越走向更高阶段，罗西瑙等学者又提出了公共管理的新趋势——治理理论。按照治理理论的观点，随着社会的进一步发展和对现代公民的培育，公共管理将越来越依赖以多元主体间合作的方式实现"善治"，相应地，管理运行方向也将更加多样化，不仅是上下互动，而且是全方位的互动，政府部门、非政府组织和公民社会通过合作网络追求共同目标的实现。

通过系统梳理公共产品理论以及公共管理理论的发展脉络及其主要观点，我们不难发现，公共服务型政府正在逐渐成为政府治理模式转型的终极目标。一方面，政府公共部门可以直接生产和提供可供全社会所有公民共同消费和平等享受的社会产品；另一方面，政府也应该制定可以促进公共产品供给的政策和制度。

第二，比较世界各主要国家政府公共管理的功能定位的基本特点，我们可以看出建设公共服务型政府是当代政府公共管理的基本模式。根据古典政治经济学的观点，主要西方国家最初将政府的功能定位为"守夜人"，即政府只需提供诸如国防、公共安全等最基本的公共服务项目即可，不需要也不应该过多干涉经济社会的发展。然而，随着社会科技不断进步、工业化进程不断加快，以及民主政治的持续发展，社会公众对公共服务的需求也与日俱增，且越来越多样化。尽管从世界范围来看，一些主要发达国家的政府提供公共服务的内容和方式处于不断的调整和变化之中，但总体来看其功能是渐次增强的。20世纪70年代以前，世界主要发达国家充分发挥其科层制的功能特长，锻造了牢固而稳定的社会公共服务体系的基础。自20世纪70年代开始，很多西方发达国家又开始发动"政府再造"运动，积极寻找传统制度在本国政府公共管理中有哪些不适应的表现，并采取针对性措施，从观念、组织体制和运转机制等方面着手变革，推动公共服务的升级和更新，致力于建设一个符合信息化时代公众需求的更加灵活、高效的公共服务型政府。

例如，在西方各国中，英国率先发起全面的政府改革，实行决策与执行分开制度，将政府各个部门从功能上一分为二，少数内设机构保留下来，专司政策研究、制定和监督，其余大部分内设机构改制为执行局，执行局仍属于公共部门，但不再实施文官制，而是实施企业化管理，专门从事公共服务的基层操作，从而提高效率，更好地回应公众需求，并为公众提供更好的公共服务。美国实行保护型的民主政治，将约束政府行为当作法治建设中最重要的内容，百年累积的法规过量导致效率低下，因此，政府改革的主要内容是放松规制，简化行政法规，这对于转变政府行为方式起到了积极的作用。综上所述，公共服务型政府已经成为当代政府公共管理的基本模式，这一模式不断提升公共服务水平，使政府朝着更加贴近公众需求和更加高效的方向迈进。

二、建设公共服务型政府是我国行政管理体制改革的重要内容

我国政府职能转变的主要任务之一，就是强化政府的公共服务职能。自21世纪以来，建设公共服务型政府逐渐成为我国行政管理体制改革的重要内容，受到了党中央、国务院的高度重视，改革正稳定、有序地进行。

（一）公共服务型政府在我国的提出和发展

我国的公共服务型政府建设是从地方政府率先突破的。从 20 世纪 90 年代开始，为与经济体制改革相配套，一些地方政府提出了建设公共服务型政府的行政改革措施。例如，广东顺德在 1995 年提出的"六个行政"（依法行政、规范行政、高效行政、透明行政、服务行政、廉洁行政），四川成都从 2003 年开始提出的建设规范化公共服务型政府的总体安排等。不过，在 20 世纪末进行的这轮建设公共服务型政府的浪潮中，政府的出发点主要是与经济体制改革相配套，因此很多地方出现了幼儿园转制风潮。这一时期，幼儿园渐次从企业和事业单位剥离，学前教育不再作为单位福利，与此同时，新的普惠性学前教育资源未能及时补足，导致学前教育在一定程度上被甩出公共服务的范畴。

2004 年 2 月，温家宝总理在中央党校的一次讲话中号召，"要建设服务型政府"，并在随后的人民代表大会上提出："努力建设服务型政府，寓管理于服务之中，更好地为基层、企业和社会公众服务。"[①] 2005 年 3 月 5 日，"努力建设服务型政府"被写入了本年度政府工作报告中[②]，建设服务型政府实际上已经上升为国家意志，在之后党和政府的多次会议、报告中均得到强化。例如，2006 年 10 月召开的党的十六届六中全会已经把建设服务型政府作为当前我国构建社会主义和谐社会的重要内容。

（二）当前我国建设公共服务型政府的实践探索

总体来看，当前我国政府在很多方面仍然具有经济建设型政府的典型特征。在努力构建公共服务型政府的过程中，建设任务和重点不仅在于转变政府经济管理的职能，更重要的在于要切实转变政府的治理模式。此外，公共服务型政府建设的任务和重点不仅在于政府应当为国家的经济发展提供良好的市场环境，更重要的在于政府必须要为经济、社会的协调发展提供基本的公共产品和有效的公共服务。需要说明的是，公共服务型政府建设不仅涉及政府机构的调整，更在于实现"政府再造"，切实推进政府的"自身革命"（迟福林，2004）。

---

① 许耀桐. 行政体制改革：十年十成果［EB/OL］. http://theory.people.com.cn/n/2013/0201/c40531-20401561.html［2019-12-15］.

② 许耀桐. 行政体制改革：十年十成果［EB/OL］. http://theory.people.com.cn/n/2013/0201/c40531-20401561.html［2019-12-15］.

进入 21 世纪以来，我国在建设公共服务型政府方面做出了很多努力和实践探索。李军鹏曾经系统分析了从 2003 年 3 月到 2008 年 2 月 209 次国务院常务会议的 500 余项议题，发现国务院常务会议多项议题聚焦于国家公共管理与公共政策的基础性、战略性、制度性等重大问题，如农民、农民工、义务教育、公共卫生、社会保障等基础性公共政策，逐步形成了国家公共管理的基础架构；着眼于转变政府管理方式，民主科学决策，法治政府、阳光政府建设，行政审批制度改革，稳步推进行政监督制度建设等，逐步形成了科学、民主、效能、公开、负责的新型政府治理模式；议题不断向公共领域集中，在经济调节、市场监管、社会管理和公共服务等职能方面均有一定突破，逐步形成了市场经济条件下的公共服务型政府体系；会议重点不断向民生问题转移，切实解决人民群众最关心的子女就学、劳动保障、医疗保障、养老、就业、住房等问题，逐步形成了相对完善的解决民生问题的社会政策体系（李军鹏，2010）。

（三）当前我国建设公共服务型政府的理论思索

在各国进行公共服务型政府实践探索的同时，我国学术界也对公共服务型政府的本质及其主要内容进行了比较深入的研究。所谓公共服务型政府，主要是从政府的本质属性上所做的界定，即政府只有通过不断提供充足而优质的公共服务，才能有效证明其存在的价值与合法性。首先，从政府职能方面来讲，社会性公共服务是政府职能的主体部分；其次，从政府管理方式来讲，政府是为市场、社会和公民提供公共服务的，应该将服务融于管理之中，提高为民服务的效率；最后，从公共服务供给方式来讲，政府应该鼓励市场、社会和公民参与公共服务的生产与供给，并提高政府服务的效率与质量，建设一个高绩效政府（李军鹏，2010）。

我国人口总量大、城市人口激增、就业人口众多且老龄化问题突出，基于对这一国情的充分判断，当前我国在建设具有中国特色的公共服务型政府时，应该重点关注四个方面：①把增加政府的社会性公共服务作为重点，逐步建立以社会性公共服务支出为主体的公共服务支出模式；②把优先发展科技和教育类的公共服务作为重点，逐步建立"科教优先"的公共服务增长模式；③把人人都享有最基本的公共服务作为目标，建立"广覆盖、适度水平、兼顾公平与效率"的公共服务消费模式，具体对学前教育而言，就是建立"广覆盖、保基本、有质量"的学前教育公共服务消费模式；④逐步推进并实现公共服务提供的社会化，着力建立"多中心治理"的公共服务供给模式。

综上所述，公共产品理论与公共管理理论作为本书的主要理论基础，其在本书中的主要价值和功用如图 2-1 所示。

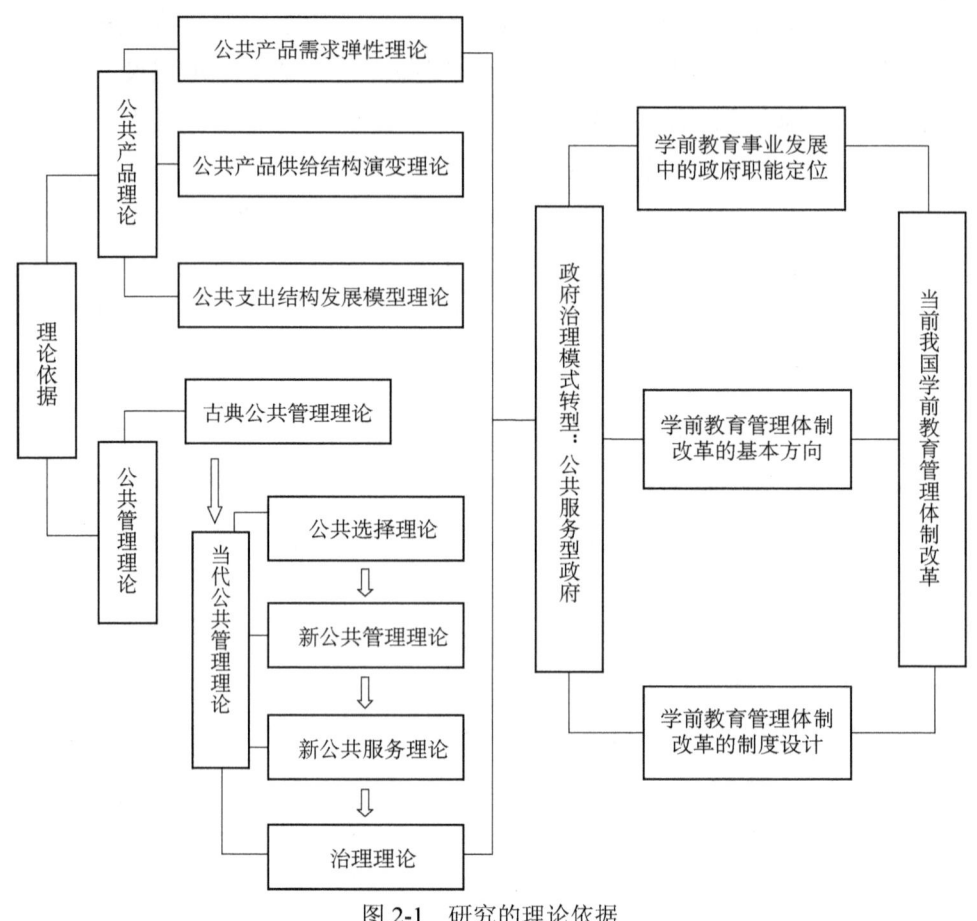

图 2-1　研究的理论依据

第三节　研究的分析框架

在建构研究的分析框架的过程中，本书主要借鉴了公共产品理论与公共管理理论，运用公共产品理论试图回答"政府在学前教育事业发展中应该发挥什么作用"的问题，运用公共管理理论试图回答"政府如何在学前教育事业发展中有效发挥作用"的问题。其中，第一个问题是本书的逻辑起点，第二个问题是本书的主体和根本立足点。

依据公共产品理论中的公共产品需求弹性理论、公共产品供给结构演变理论和公共支出结构发展模型理论，本书试图从宏观层面论证以下内容：随着社会经济的发展和人民生活水平的提高，公众对优质、普惠的学前教育公共服务的需求也越来越多；相应地，政府的社会服务性支出比例也应逐渐提高；趋势是在政府提供的维持性的公共产品、经济性的公共产品和社会性的公共产品中，社会性的公共产品的比例将会越来越高。通过理论模型的分析和基于实证调查研究可以发现，学前教育作为一种公共性日趋增强的准公共产品，要促进其发展，政府在其中发挥的作用必然越来越大。当前，我国"政府主导"发展学前教育已经成为从中央到地方各级政府的政策导向，然而，政府在学前教育事业发展中的职能定位如何在"主导"的原则下更加明确？如何使政府与社会、市场的边界划分更加科学？如何通过改革健全学前教育管理体制，切实发挥政府在学前教育事业发展中的主导作用？这些已经成为当前我国需要重点关注并迫切解决的问题。关于政府如何在学前教育公共产品的公平、有效供给过程中发挥主导作用，本书借鉴和融合了公共管理理论中的古典公共管理理论和当代公共管理理论，尤其是对当代公共管理理论中的公共选择理论、新公共管理理论、新公共服务理论和治理理论进行了梳理、分析和运用。

基于此，本书从政府治理模式转型的大背景入手，把握当前我国政府立足职能转变，建设公共服务型政府的行政管理体制改革基本方向，把公共服务型政府建设作为本书的基本视角，重点对当前我国学前教育管理体制改革存在的主要问题、面临的主要挑战进行了分析，并基于对国际经验和地方探索的调查研究，提出当前我国学前教育管理体制改革的基本方向与制度设计。本书的研究框架如图2-2所示。

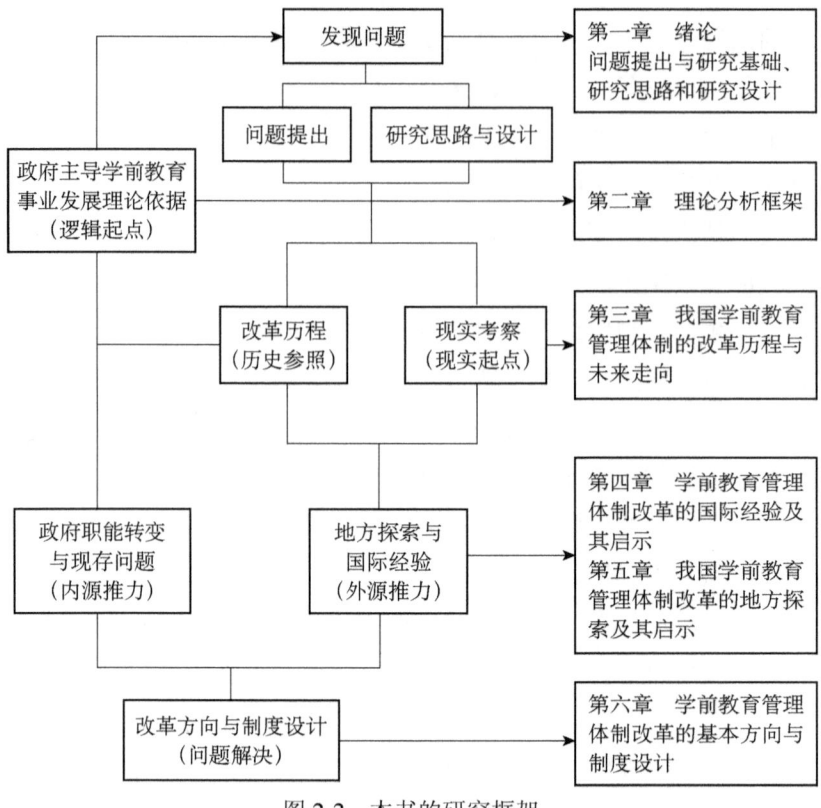

图 2-2　本书的研究框架

第三章
我国学前教育管理体制的改革历程与未来走向

在相当长的一段时间内,我国实行"地方负责,分级管理和有关部门分工协作"①的学前教育管理体制。总体来看,已有研究中很少有专门关注和讨论我国学前教育管理体制改革历程的,只是在涉及当前学前教育事业发展的现实问题,向前追溯并寻找学前教育管理体制改革方面的原因时有提及。任何制度和体系都是历史条件演变的结果,因此,本章从我国行政体制和教育体制的变革以及由此进行的学前教育管理体制改革入手,追根溯源地分析我国学前教育管理体制改革的过程和内在演变逻辑,为把握当前我国学前教育管理体制改革的历史背景,构建政府治理模式转型背景下的学前教育管理体制改革提供思路。

第一节 我国学前教育管理体制的改革历程

自中华人民共和国成立以来,随着政治、经济制度的发展及教育事业的不断变革,我国学前教育管理体制也经历了从初步确立到逐步发展的演变历程。在经济社会发展和教育制度变革的不同时期,学前教育管理体制主动或被动地发生着变化,在不同阶段呈现出不同的特点,改革不断得以深化。总体来看,

---

① 1987年,国务院办公厅转发国家教育委员会等九个部门《关于明确幼儿教育事业领导管理职责分工的请示》中被首次提出,作为学前教育行政管理的"原则";2003年印发的《关于幼儿教育改革与发展的指导意见》明确提出其是"幼儿教育管理体制";2010年印发的《国务院关于当前发展学前教育的若干意见》进一步确定了这一管理体制。

自中华人民共和国成立以来，我国学前教育管理体制改革可以以改革开放为界，划分为两个大的历史阶段。

一、计划经济体制下我国学前教育管理体制的初步确立

中华人民共和国成立之初，我国仿效苏联模式构建了高度集中的计划经济体制，在生产资料管理、资源配置以及公共产品消费等各方面，基本上都是由政府事先进行计划，因此经济社会发展高度依赖政府的指令性计划。相应地，学前教育管理体制也呈现出高度的"计划性"特点。总体来看，计划经济体制下我国学前教育管理体制改革大致经历了以下三个阶段。

（一）市、县负责，教育部门归口管理，教育、卫生部门协同领导

1949年，中华人民共和国中央人民政府成立了教育部这一职能部门，并在教育部的初等教育司内专门设置了幼儿教育处，确立了我国学前教育管理的最高行政机构。1951年10月，当时我国的最高行政管理机构政务院颁布了《关于改革学制的决定》，把幼儿教育作为我国学校教育制度的第一个阶段，并明确了其教育机构的主要类型，提出"实施幼儿教育的组织为幼儿园"，"幼儿园应在有条件的城市中首先设立，然后逐步推广"（中国学前教育研究会，1999）。1952年3月，教育部基于政务院的《关于改革学制的决定》，专门颁布了《幼儿园暂行规程（草案）》，其中第三章明确了幼儿园的设置和领导，规定"幼儿园由市、县人民政府统筹设置"，"由市、县人民政府教育行政部门统一领导"，"幼儿园的卫生设置、管理、检查以及疾病的预防工作，由市、县人民政府教育卫生部门协同领导办理"。

至此，我国幼儿园基本确立了市、县负责，教育部门归口管理，教育、卫生部门协同领导的管理体制。

（二）托幼机构主要由教育、卫生部门领导，并形成多头管理格局

1952年11月，幼儿教育处由原来的初等教育司下属处室调整为教育部的一个直属单位（史慧中，1999）。1956年2月23日，教育部、卫生部、内务部共同颁发了《关于托儿所、幼儿园几个问题的联合通知》（以下简称《联合通知》），对学前教育的两类机构，即托儿所和幼儿园进行了明确界定，并对其领导问题做了进一步具体的规定："托儿所和幼儿园应依儿童的年龄来划分，即收三周岁

以下的儿童者为托儿所，收三至六周岁的儿童者为幼儿园"；"关于各种类型的托儿所、幼儿园的经费、人事、房屋设备和日常行政事宜，均由主办单位（包括教育行政部门、厂矿、机关、团体、部队、学校、群众、私人等主办单位）各自负责管理"（中国学前教育研究会，1999）。

《联合通知》开创了我国托儿所和幼儿园两类学前教育机构双轨管理的局面：托儿所的主管部门是卫生行政部门，幼儿园的主管部门是教育行政部门，从而明确了卫生行政部门、教育行政部门的职责分工。同时，《联合通知》还规定，要按照"全面规划，加强领导"和"又多、又快、又好、又省"的事业发展方针，在现有水平下根据需要与可能的条件积极发展托儿所、幼儿园。此外，《联合通知》还提出，"教育行政部门在可能条件下办一些幼儿园起示范作用"（中国学前教育研究会，1999）。我国教育行政部门办园由此发轫，教育行政部门不仅负有发展和管理学前教育事业的责任，同时也成了办园主体之一，在一定程度上加剧了后来公办优质学前教育资源相对集中的问题。《联合通知》还规定民政部门所办的救济性质的托儿所、幼儿园仍由民政部门主管，教育行政部门、厂矿、机关、团体、部队、学校、群众、私人等主办单位各自负责管理其经费、人事、房屋设备和日常行政事宜等，造成了不同办园主体的幼儿园管理归属不同的情况，学前教育多头管理的格局基本形成。

（三）精简机构，学前教育领导管理力量严重削弱，行政管理缺位

从1959年开始，学前教育事业开始得到进一步发展。然而，在国家工农业生产"快速前进"的背景之下，学前教育科学发展的观念受到挑战，加之管理力量没有跟上，学前教育机构尤其是农村的学前教育机构曾一度出现发展失控的问题。1961年，党中央提出对国民经济实行"调整、巩固、充实、提高"的八字方针，学前教育事业发展开始逐步恢复正常。但是，在恢复整顿时期，教育部开始精简机构，幼儿教育处不仅未能作为教育部的一个直属单位继续保留，甚至还一度被撤销，学前教育行政管理的职能被划归到教育部普通教育司综合处，由仅保留的1名原幼儿教育处的行政管理人员处理有关日常事务，严重削弱了全国学前教育的行政管理力量。在此后相当长的时间里，教育部基本上都没有对全国学前教育工作下发过任何指示性文件。由于中央层级的学前教育行政管理机构和人员缺位严重，全国学前教育事业的发展与提高均受到了一定程度的影响（史慧中，1999）。

二、市场经济体制下我国学前教育管理体制的改革历程

自党的十一届三中全会以来，我国的工作重心开始转移到经济建设上来，实行了全面改革开放的政策。伴随着经济体制改革和社会主义市场经济体制的确立，我国先后在1982年、1988年、1993年、1998年以及2003年进行了五轮行政体制改革。总体而言，我国历次行政体制改革的主要目的都在于转变政府职能，精简机构及人员，从体制上解决政府运行中长期存在的效率低下、行动迟缓、资源浪费等顽症。在此背景下，我国学前教育管理体制也经历了改革发展和不断变化的过程。目前，我国在"地方负责、分级管理，有关部门分工协作"的基础上，实行"国务院领导，省（市）统筹，以县为主"的学前教育管理体制。总体来看，改革开放40多年来，我国学前教育管理体制经历了四个阶段。

（一）集中领导，分级管理，成立托幼工作领导小组（1978—1981年）

随着改革开放的深入，我国学前教育事业重新受到重视。1978年，教育部在其下属的普通教育司内重新设立了幼教特教处，失去国家机关专职领导长达十多年之久的学前教育事业又有了行政领导机构（史慧中，2000），学前教育事业发展走上了快车道。

1979年6月，在第五届全国人民代表大会第二次会议上，时任国务院总理华国锋在其所做的政府工作报告中指出，"要十分重视发展托儿所、幼儿园，加强幼儿教育"（华国锋，1979）。不久，经过相关人员的协调、中央的批准，教育部、卫生部、劳动总局、全国总工会和全国妇联于1979年7月24日至8月7日联合召开了"全国托幼工作会议"，参加会议的还有各省（自治区、直辖市）相关的五个部门的有关负责人。会议建议国务院设立托幼工作领导小组及其办事机构，由教育部、卫生部、计委、建委、农委、财政部、商业部、民政部、劳动总局、城建总局、全国总工会、全国妇联和中国人民保卫儿童全国委员会等13个单位的负责人组成。会议同时要求各省（自治区、直辖市）设立与全国托幼工作领导小组相应的省级托幼工作领导小组，小组成员由省级相关部门负责人组成，以保证全国托幼工作领导小组的有关批示精神在基层得到贯彻落实。中共中央和国务院高度认可这一会议，并于当年10月11日下发了《中共中央、国务院转发〈全国托幼工作会议纪要〉的通知》，决定全国托幼工作领导小组办事机构设在全国妇联，以加强对托幼工作的领导力度，统筹政府有关部门共同

协商托幼事业发展问题，使学前教育事业发展的很多关键问题得到基本解决。这样，在"文化大革命"期间中断的"条块结合，以块为主"的学前教育管理体制渐趋成熟（庞丽娟，洪秀敏，2012）。

这个时期，幼儿园以集体举办为主，政府与幼儿园是上下级关系，允许办园单位税前预留文化教育经费，同时工矿、企业、机关、学校等将免费或低收费的托儿所、幼儿园作为一种社会福利提供给其成员，受益对象主要是这些单位的职工。这一时期，政府重视通过政策性文件规范幼儿园的工作秩序和教育教学质量。例如，教育部于1979年颁发的《城市幼儿园工作条例（试行草案）》和1981年颁发的《关于试行幼儿园教育纲要（试行草案）的通知》，强调和突出了幼儿园是对幼儿进行全面发展教育的机构，并对幼儿教育的方针、目标、内容和制度做出了详尽的规定，较为迅速地恢复了幼儿园的正常教育教学秩序（中国学前教育研究会，1999）。

（二）地方负责，分级管理，各有关部门分工协作（1982—1991年）

这一时期政府对学前教育继续予以高度重视，并从领导、管理、政策等方面予以保障。首先，将学前教育事业发展明确列入国家经济社会发展计划中。1982年，国务院在《关于第六个五年计划的报告》中明确提出"要注意发展学龄前教育"，确定了"六五"期间我国幼儿教育事业的发展指标（赵紫阳，1982）。1987年，《国务院办公厅转发国家教委等部门关于明确幼儿教育事业领导管理职责分工的请示的通知》明确指出："幼儿教育是社会主义教育事业的重要组成部分"，"各级政府都应重视幼儿教育事业的改革和发展"。[①]

学前教育事业发展不是孤立的存在，总是会受到社会大环境的影响和制约。我国的学前教育管理体制也总是在行政体制改革的大潮中跌宕起伏，几经周折。从1982年开始，我国进行了历时3年之久的行政管理体制改革，这次改革的重点是机构改革，精简机构和人员。改革首先从国务院做起，自上而下地展开，且限期完成，改革范围包括各级党政机关，是中华人民共和国成立以来规模较大、目的性较强，立足建设和完善各级党政机关的一次行政体制改革。通过这次行政体制改革，在精简机构方面，国务院各部门从100个减为61个，人员编制从原来的5.1万人减为3万人。[②] 在这次机构改革中，刚刚成立不久的全国托

---

① 国务院办公厅转发国家教委等部门关于明确幼儿教育事业领导管理职责分工的请示的通知[EB/OL]. http://www.moe.gov.cn/s78/A06/jcys_left/moe_705/s3327/201001/t20100128_82000.html [2019-08-12].
② 1982年国务院机构改革[EB/OL]. http://www.gov.cn/test/2009-01/16/content_1206981.htm [2019-08-12].

幼工作领导小组，以及领导小组设立在全国妇联的办事机构均被撤销。但是，有关承担全国托幼工作领导小组的工作任务的部门却一直没有明确，因此造成了政府各个职能部门对学前教育工作的管理分工不清、职责不明，在一定程度上影响了学前教育事业的持续、健康和稳定发展。

1985年5月，中共中央、国务院召开了改革开放后的第一次全国教育工作会议，颁发了《中共中央关于教育体制改革的决定》，全面启动了教育体制改革。该决定明确指出，"实行基础教育由地方负责、分级管理的原则，是发展我国教育事业、改革我国教育体制的基础一环"，"基础教育管理权属于地方。除大政方针和宏观规划由中央决定外，具体政策、制度、计划的制定和实施，以及对学校的领导、管理和检查，责任和权力都交给地方。省、市（地）、县、乡分级管理的职责如何划分，由省、自治区、直辖市决定"。① 这就充分表明，我国把发展教育事业的权力和责任落实到了地方政府身上，尤其是把发展基础教育的责任交给了地方，中央只负责大政方针和宏观规划的制定。有国外研究者认为，《中共中央关于教育体制改革的决定》表明"中央的指令将不再那么具体，强调增加地方的决策权和财政使用权，越来越倾向于地方办学……政府教育部门拥有更多的监督和指导责任"（彼得·J. 西波尔特，1990）。至此，我国把发展基础教育的权力和责任基本交给了地方政府。

针对1982年机构改革造成的学前教育行政管理缺位问题，当时的国家教育委员会、国家计划委员会、卫生部、劳动人事部、财政部、城乡建设环境保护部、轻工业部、纺织部和商业部等9个部门向国务院办公厅提交了《关于明确幼儿教育事业领导管理职责分工的请示》（以下简称《分工请示》）。国务院办公厅于1987年10月15日正式转发了这份请示，表示国务院已经同意这一请示，并指出"幼儿教育是社会主义教育事业的重要组成部分，是我国学校教育的预备阶段，同时又是一项社会公共福利事业，各级政府都应重视幼儿教育事业的改革和发展"。② 在办园体制方面，《分工请示》指出"除地方政府举办幼儿园外，主要依靠部门、单位和集体、个人等方面力量发展幼儿教育事业"。此外，《分工请示》还明确了幼儿教育"必须在政府统一领导下"，"实行'地方负责，

---

① 中共中央关于教育体制改革的决定［EB/OL］. http://www.moe.gov.cn/jyb_sjzl/moe_177/tnull_2482.html ［2019-08-12］.
② 国务院办公厅转发国家教委等部门关于明确幼儿教育事业领导管理职责分工的请示的通知［EB/OL］. http://www.moe.gov.cn/s78/A06/jcys_left/moe_705/s3327/201001/t20100128_82000.html ［2019-08-12］.

分级管理'和有关部门分工负责的原则"①,并进一步明确了教育部门、卫生部门、计划部门、财政部门、劳动人事部门、城乡建设环境保护部门等政府职能部门的具体职责。《分工请示》还指出,有关幼儿教育工作中的重大政策问题,"由国家教委牵头,有关部门参加,共同研究","属于各主管部门分工负责的工作又需同其他部门共同研究的重要问题,由主管部门牵头,有关部门参加"②,这样的规定既突出了学前教育事业的教育属性,又明确了我国依靠行政力量加强领导、多部门协作、多途径发展学前教育的特点。

《分工请示》这一文件将我国学前教育事业发展放到了与国家民族素质紧密联系的战略高度。依据《分工请示》中的各部门职责划分及其指导精神,教育、卫生、建设、财政、劳动人事等政府职能部门又分别根据各自的分工制定了文件。例如,劳动人事部、国家教育委员会颁发了《全日制、寄宿制幼儿园编制标准(试行)》,卫生部制定了《托儿所、幼儿园卫生保健制度》,国家教育委员会、城乡建设环境保护部制定了《托儿所、幼儿园建筑设计规范》,等等,使托幼机构的工作逐步科学化和规范化,力图达到为幼儿终身发展奠基的目的(史慧中,2000)。这一时期的两个重要文件《中共中央关于教育体制改革的决定》《分工请示》奠定了我国学前教育行政管理体制的基础。

总体来看,这个时期我国通过制定一系列幼儿教育法规、政策,保障和促进学前教育事业发展。1988年,国务院办公厅转发了国家教育委员会等8个部门《关于加强幼儿教育工作的意见》。1989年,国家教育委员会颁布了《幼儿园工作规程(试行)》,在重申1981年《幼儿园教育纲要(试行草案)》的基本精神的基础上,突出了促使幼儿教育进一步科学化的教育原则(史慧中,1999)。同年出台的《幼儿园管理条例》不仅明确了地方各级政府发展和管理幼儿教育的职责,还对幼儿园的举办条件、审批程序、保教工作和行政管理等做出了明确规定,特别是"各级教育行政部门应当负责监督、评估和指导幼儿园的保育、教育工作"③,有力地促进了幼儿园办园条件的改善和教育质量的提高。20世纪90年代以后,各省(自治区、直辖市),以及大部分地市、县均成立了儿童工作

---

① 国务院办公厅转发国家教委等部门关于明确幼儿教育事业领导管理职责分工的请示的通知[EB/OL]. http://www.moe.gov.cn/s78/A06/jcys_left/moe_705/s3327/201001/t20100128_82000.html[2019-08-12].
② 国务院办公厅转发国家教委等部门关于明确幼儿教育事业领导管理职责分工的请示的通知[EB/OL]. http://www.moe.gov.cn/s78/A06/jcys_left/moe_705/s3327/201001/t20100128_82000.html[2019-08-12].
③ 幼儿园管理条例[EB/OL]. http://www.moe.gov.cn/s78/A02/zfs__left/s5911/moe_620/tnull_3132.html[2019-08-12].

协调机构,加强了对托儿所和幼儿园工作的领导(史慧中,2000)。1991 年 4 月,国家教育委员会发布了《教育督导暂行规定》,规定"教育督导的范围,现阶段主要是中小学教育、幼儿教育及其有关工作",明确把幼儿教育纳入教育督导范围中,并且提出"教育督导的任务是:对下级人民政府的教育工作、下级教育行政部门和学校的工作进行监督、检查、评估、指导,保证国家有关教育的方针、政策、法规的贯彻执行和教育目标的实现"[①]。1991 年 6 月,国家教育委员会又发布了《关于改进和加强学前班管理的意见》,重申了学前班的性质和举办原则等。同月,国家教育委员会办公厅发布了《关于加强幼儿园安全工作的通知》,强调要本着对国家、民族、家长高度负责的精神重视幼儿园安全工作(唐淑等,2009b)。至此,我国"地方负责,分级管理和各有关部门分工协作"的学前教育管理体制基本建立,且从中央层面明确并践行了通过督导促进学前教育事业发展的基本原则和思路。

(三)地方负责,分级管理,进一步明确主管部门(1992—2009 年)

从 1992 年开始,随着计划经济向市场经济转型,政府的经济与政治职能开始分离,社会公共管理的职责和方式发生了转变。1993 年,《中国教育改革和发展纲要》提出:"政府要转变职能,由对学校的直接行政管理,转变为运用立法、拨款、规划、信息服务、政策指导和必要的行政手段,进行宏观管理。"(中国学前教育研究会,1999)在学前教育领域,企业开始逐步剥离社会职能,"鼓励多渠道、多形式社会集体办学和民间办学"(庞丽娟,2009a)。

2003 年,国务院办公厅转发了教育部等《关于幼儿教育改革与发展的指导意见》,指出:"坚持实行地方负责,分级管理和有关部门分工负责的幼儿教育管理体制","建立和完善政府领导统筹,教育部门主管,有关部门协调配合,社区内各类幼儿园和家长共同参与的幼儿教育管理机制"[②]。另外,该意见对中央、省(自治区、直辖市)、市、县、乡镇五个层级政府在学前教育发展中的具体职责进行了初步规定:"国家制定有关幼儿教育的法规、方针、政策及发展规划;省级和地(市)级人民政府负责本行政区域幼儿教育工作,统筹制定幼儿教育的发展规划,因地制宜地制定相关政策并组织实施,积极扶持农村及老少

---

① 教育督导暂行规定[EB/OL]. http://old.moe.gov.cn/publicfiles/business/htmlfiles/moe/moe_621/200409/3459.html [2019-09-09].

② 国务院办公厅转发教育部等部门(单位)关于幼儿教育改革与发展指导意见的通知[EB/OL]. http://www.gov.cn/zhengce/content/2008-03/28/content_5812.htm [2019-08-12].

边穷地区的幼儿教育工作,促进幼儿教育事业均衡发展;县级人民政府负责本行政区域幼儿教育的规划、布局调整、公办幼儿园的建设和各类幼儿园的管理,负责管理幼儿园园长、教师,指导教育教学工作;城市街道办事处配合有关部门制定本辖区幼儿教育的发展计划,负责宣传科学育儿知识、指导家庭幼儿教育、提供活动场所和设备、设施,筹措经费,组织志愿者开展义务服务;乡(镇)人民政府承担发展农村幼儿教育的责任,负责举办乡(镇)中心幼儿园,筹措经费,改善办园条件;要发挥村民自治组织在发展幼儿教育中的作用,开展多种形式的早期教育和对家庭幼儿教育的指导。"[1]同时,该意见再次明确指出了幼儿教育的主管部门,并对政府其他相关职能部门的职责做了第三次分工,为学前教育事业发展的权责关系定下了基调。相应地,各级地方政府也根据国家学前教育管理体制的总原则,明确规定了本级政府内部各相关部门的职责分工与重点,并通过建立学前教育联席会议制度、第三方参与管理等方式理顺并创新地方学前教育管理体制。例如,上海建立的托幼领导小组,浙江、山东、河北、广西、辽宁、深圳等地的联席会议制度等都是这一时期地方对学前教育管理体制改革的探索(庞丽娟,洪秀敏,2012)。还有研究者专门就《关于幼儿教育改革与发展的指导意见》列出了各部门的学前教育职责分工(中国学前教育发展战略研究课题组,2010)。

  需要说明的是,从 1992 年开始,随着经济体制改革的不断深入,企业逐步剥离社会职能。特别是 2003 年《关于幼儿教育改革与发展的指导意见》中"以社会力量兴办幼儿园为主体"的政策导向,引入了多元投资办学主体,社会团体、组织和个人纷纷投资兴办幼儿园,各种社会力量所办的幼儿园,如民办园、街道园、私立园、合资园、独资园等大量出现,发展很快。但是,由于政府在转型期对其在学前教育发展中的职责和宏观调控中应承担的公共管理责任认识不清,对幼儿教育的重要性认识不到位,一些地方政府在市场经济转型中对学前教育事业发展的职责有一定弱化趋势,出现了责任不到位甚至推卸责任的现象。政府在认识上模糊,领导管理力量削弱,计划、领导、组织、监管不力,甚至简单套用企业改制的做法,将幼儿园推向市场、减少或停止投入,甚至出售,导致学前教育发展出现了所谓的"社会化"和市场化转向,使学前教育事

---

[1] 国务院办公厅转发教育部等部门(单位)关于幼儿教育改革与发展指导意见的通知 [EB/OL]. http://www.gov.cn/zhengce/content/2008-03/28/content_5812.htm [2019-08-12].

业发展方向出现了偏差,在一些地区大批优质教育资源流失,教育质量下降。① 此外,上述文件虽然从原则上一再强调各级地方政府和各部门的责任,但由于是首次将学前教育事权和财权分开管理而又缺乏适当的协同机制,因而在实践中出现了"教育部门有心无力、财政部门有力无心"的怪现象,最后使学前教育沦落为无人疼爱的"灰姑娘"(庞丽娟,洪秀敏,2012)。

(四)政府主导职责回归,管理重心上移,有关部门分工协作(2010年至今)

自2008年以来,我国出现了社会反映强烈的"入园难、入园贵",乃至"入园荒"问题,其实质是连续数年削弱的"供"和当前日益增强的"需"之间的突出矛盾的集中反映。究其原因,主要是在经济体制转型过程中,一些地方政府和相关主管部门的发展观念和认识严重滞后,主导责任不到位,发展职责无法得到落实;行政管理力量更是严重不足,教育主管机构纷纷被撤,学前教育发展规划、组织领导和评估督导监管等失去基本保障(庞丽娟,2011)。以"镇为主"的学前教育管理体制导致学前教育经费投入得不到有效保障,镇村发展学前教育的积极性难以调动,县域内学前教育发展不均衡问题开始显现(周建平,2012)。

为从根本上解决"入园难、入园贵"的问题,在以《国家中长期教育改革和发展规划纲要(2010—2020年)》《国务院关于当前发展学前教育的若干意见》,以及《中共中央 国务院关于学前教育深化改革规范发展的若干意见》为代表的系列新政中,可以看到政府主导推进学前教育普及的决心和努力,而管理体制则成为落实政府主导责任的核心和关键。《国务院关于当前发展学前教育的若干意见》提出"各级政府要加强对学前教育的统筹协调,健全教育部门主管、有关部门分工负责的工作机制,形成推动学前教育发展的合力",同时要求各地"以县为单位编制学前教育三年行动计划"②,对地方政府,尤其是县级政府的学前教育规划和行政管理职能做出强调。2014年,《教育部 国家发展改革委 财政部关于实施第二期学前教育三年行动计划的意见》印发,提出"以区县为单位制订幼儿园总体布局规划,合理确定公办园的布局","省级和地市级政府加强统筹,县级政府落实主体责任","各地要加强对幼儿园的监管,县级政府履行主

---

① 庞丽娟. 2006. 关于加快学前教育立法的议案. 内部资料.
② 国务院关于当前发展学前教育的若干意见[EB/OL]. http://www.gov.cn/zwgk/2010-11/24/content_1752377.htm [2019-08-12].

体责任"①。2016年,《国务院办公厅关于加快中西部教育发展的指导意见》指出:"积极探索以县为主的管理体制,县级人民政府负责统筹辖区内园所布局、师资建设、经费投入、质量保障、规范管理等。"② 2017年,《教育部等四部门关于实施第三期学前教育行动计划的意见》,首次提出"国务院领导,省地(市)统筹,以县为主"③的学前教育管理体制。2018年,《中共中央 国务院关于学前教育深化改革规范发展的若干意见》将此表述进一步明确为"国务院领导、省市统筹、以县为主"④。在有关学前教育管理体制改革的诸多文件中,教育部门一直作为学前教育的主管部门,其他有关部门分工协作。

此次学前教育管理体制改革的一大特点是明确了政府主导学前教育事业发展,学前教育三年行动计划以县为单位推进,对地方政府,尤其是县级政府的学前教育规划和行政管理职能做出强调。可以说,对地方政府承担发展学前教育职能的规定是国家对政府承担学前教育发展责任在地方一级的进一步延伸和明确,不仅有利于地方政府更好地在中央的指导、监督之下实施具体的管理,从而确保国家发展学前教育的政策得以贯彻落实,而且有助于在统一的领导下发挥地方管理的灵活性和积极性,充分展现地方特色与优势。学前教育管理体制改革势在必行,且目前在北京、河北、山东、浙江、江苏、福建等地均开展了一些实践探索。由于改革时间较短,实效和问题尚未完全显现。

第二节 我国学前教育管理体制的问题、影响因素、新进展及挑战

系统梳理改革开放40多年来我国学前教育管理体制改革的历程,可以发现,改革总是针对问题而来,总体呈现出波浪式前进、螺旋式上升的特点。本书将我国的学前教育管理体制改革植根于现实的土壤,以现存的客观问题为依据,

---

① 教育部 国家发展改革委 财政部关于实施第二期学前教育三年行动计划的意见[EB/OL]. http://www.moe.gov.cn/srcsite/A06/s3327/201411/t20141105_178318.html [2019-08-12].
② 国务院办公厅关于加快中西部教育发展的指导意见[EB/OL]. http://www.moe.gov.cn/jyb_xxgk/moe_1777/moe_1778/201606/t20160615_268538.html [2019-08-12].
③ 教育部等四部门关于实施第三期学前教育行动计划的意见[EB/OL]. http://www.moe.gov.cn/srcsite/A06/s3327/201705/t20170502_303514.html [2019-08-12].
④ 中共中央 国务院关于学前教育深化改革规范发展的若干意见[EB/OL]. http://www.gov.cn/xinwen/2018-11/15/content_5340776.htm [2019-08-12].

并进一步分析了这些问题产生的原因和学前教育管理体制改革面临的挑战。因此，基于文献研究和实践调研，本节着重分析当前我国学前教育管理体制存在的主要问题、影响因素、新进展以及面临的挑战。

一、当前我国学前教育管理体制存在的主要问题

由于长期以来对学前教育重要性的认识不足，我国在经济体制改革和社会转型过程中未能充分考虑学前教育事业的发展需要，学前教育管理体制改革未能与财政体制和教育体制改革相配套，存在着政府职责定位不明，职能转变不到位，各级政府与政府各部门之间职、权、责划分不尽合理，管理机构和人员设置不健全，督导制度不完善等问题，已成为制约我国学前教育事业健康发展的体制性障碍，严重影响了学前教育事业的稳定、健康、可持续发展。

（一）政府和市场的关系未理顺，政府职责定位不明

政府和市场的关系没有理顺，直接导致了政府学前教育管理和服务职能的缺位。20世纪末，我国在由计划经济向市场经济转型的过程中，政府经济职能与政治职能相分离，原来计划经济体制下通过行政手段管理学前教育事业发展的做法受到挑战，对政府职能新的定位又未能及时明确，加上对学前教育的必要性和重要性认识不足，很多地方政府对学前教育发展的职责有一定弱化趋势，出现了责任不到位甚至推卸责任的现象。尤其是在2003年，国务院办公厅转发了《关于幼儿教育改革与发展的指导意见》，其中"以社会力量兴办幼儿园为主体"的政策导向进一步促使学前教育发展出现了较为明显的社会化和市场化转向。

目前，我国仍处于社会主义初级阶段，属于发展中国家的事实没有改变，"九五""十五"期间我国学前教育事业发展出现迟滞甚至下滑的情况，这就表明我国支持学前教育市场化的制度尚不完善。为促进学前教育事业的发展和普及，政府需要发挥强有力的主导作用。自2008年以来，"入园难、入园贵"较为明显，成为需要重点解决的教育问题、社会问题、民生问题，"政府主导"发展学前教育事业成为时代的呼声。2010年，《国家中长期教育改革和发展规划纲要（2010—2020年）》提出要"基本普及学前教育"，"明确政府职责"，"重点发展农村学前教育"。从中央到地方，各级政府都在落实文件精神，制定政策措施，并积极付诸行动，推进学前教育体制改革。2010年11月21日颁布

的《国务院关于当前发展学前教育的若干意见》即包含推进学前教育管理体制改革的内容，并对中央和省级政府的职责做了一些规定，相比以往的政策有了很大进步，但是对究竟应该如何发挥政府的主导作用，对各级政府和政府各部门的具体职责及其在学前教育管理上的权责划分尚缺乏明确规定，学前教育管理体制有待进一步完善。从各省级行政区的政策文件与政策执行情况来看，一些省份虽提出"政府主导"，"明确政府责任"或是"落实政府责任"，却没有对政府发展学前教育的责任进行定性，且力度较弱。此外，从目前各省级行政区的政策规定来看，各省份主要是将"政府主导"的概念同办园体制相联系，导致过分强调政府在办园方面的主导责任，将"政府主导"窄化为或等同于"政府办园"，在一定程度上弱化了各级政府在学前教育事业发展中统筹规划、政策引导、经费保障、规范管理、队伍建设、质量提升和督导评估等其他重要方面的职能。

（二）各级政府间职责定位不清，权责配置的随意性大

目前，我国学前教育实行"地方负责，分级管理和有关部门分工负责"[①]的管理体制，但是由于政府整体职责定位不明晰，缺乏刚性化的法律保障，因此各级政府间权责配置的随意性大，特定层级政府在发展学前教育事业中的职、权、责、利不对称，政府职责缺位、不到位、错位和越位的问题突出。

首先，中央层级政府发展学前教育的职责定位不明确，缺位、不到位与错位现象并存。主要表现在：第一，中央政府提供学前教育法规制度类公共产品的职责缺位，学前教育上位法缺失，政策法规、制度不健全或不完善，尤其是一些关系全国学前教育事业发展水平与质量的政策制度，如学前教育经费投入保障制度、学前教育督导评估制度等迟迟未出台或多年未修订。第二，中央政府维护公平，促进区域间学前教育事业均衡发展的职责缺位或不到位。学前教育公平是教育公平的起点和基础，然而各级政府在推进学前教育均衡发展方面的职责不明，尤其是中央政府对中西部贫困地区学前教育事业发展的扶助存在不足。我国城乡间、区域间、园所间学前教育发展差距大，发展失衡问题突出，在部分地区甚至已经成为重大的民生问题，从而引起了社会的普遍关注。第三，当前中央政府仍然扮演着极少数城市公办园的办园主体角色，中央部委办园是

---

① 国务院办公厅转发教育部等部门（单位）关于幼儿教育改革与发展指导意见的通知［EO/OL］. http://www.moe.gov.cn/jyb_xxgk/gk_gbgg/moe_0/moe_9/moe_35/tnull_61.html［2019-08-12］.

在改革开放前国家整体经济实力不强、资源有限的特定历史背景下促进学前教育事业发展的有效举措，曾在推动学前教育事业整体发展方面发挥过积极作用。然而，随着我国社会经济的发展，尤其是在当前转变政府职能、建设公共服务型政府的行政体制改革背景下，中央政府的职能需要重新定位。

其次，地方政府间权责错位严重，责任主体重心过低。1994 年，我国实行了分税制财政体制改革，中央财政在规范了与省级财政的关系后，并没有进一步对省（自治区、直辖市）与市、市与县、县与乡镇的财政权与事权分配做出刚性规定，从而出现了财权逐年逐级上收、事权层层下放的局面，导致越到基层，财权与事权失衡的状况越明显（胡平平，张守祥，2007）。在分级办园的管理体制中，地方各级政府间权责配置的随意性大、缺乏统一规范，事权层层下放导致责任主体重心过低、上下级政府间权责关系不对称等问题凸显。尽管多份政策文件都提出地方各级政府要重视并扶持幼儿教育的发展，明确提出地方各级人民政府要积极采取措施，加大对幼儿教育的投入，做到逐年增长，但是由于对具体应该由哪一级政府承担主要责任的规定模糊，尤其是管理和支出职责不明确，导致在政策文本上规定扶持学前教育发展、加大对学前教育的投入是地方各级政府的职责，但在实际操作中，上级政府往往依靠其行政权力优势把责任推给下级政府，同时并不提供履行职责所需的足额配套资金，出现"上级请客、下级买单"，看似谁都该管，其实谁都不管的尴尬局面（宋立，刘树杰，2005）。

（三）政府各部门间职责定位不清，职、权、责划分不尽合理

2003 年，国务院办公厅出台的《关于幼儿教育改革与发展的指导意见》明确提出，"要建立由教育部门牵头、有关部门参加的幼儿教育联席会议制度"[①]，并进一步规定了教育部门、卫生部门、财政部门、价格主管部门、建设部门、民政部门、劳动保障部门、编制部门，以及妇女儿童工作委员会和妇联组织等部门的相关职责。然而，《关于幼儿教育改革与发展的指导意见》对各部门之间的职能、权限和责任配置的规定不够到位、明确，导致政府各相关职能部门之间的职责定位不清，职、权、责划分不尽合理，其中最突出的就是权责配置交叉，多头管理、批管分离问题。例如，城市街道幼儿园在行政上由街道办事处

---

① 国务院办公厅转发教育部等部门（单位）关于幼儿教育改革与发展指导意见的通知 [EB/OL]. http://www.moe.gov.cn/jyb_xxgk/gk_gbgg/moe_0/moe_9/moe_35/tnull_61.html [2019-08-12].

管理，业务上由区托幼办指导，在人事工作的衔接上由区妇联主管。当幼儿园经费陷入困境时，谁也拿不出解决的办法（周红，1999）。在幼儿园审批方面，"懂行者没有审批权，有权审批者又不懂行"（刘明远，张晖，2006），存在"多头审批，批管分离"等问题。

现行学前教育政策与民办教育相关政策法规在幼儿园审批、登记、注册方面的规定不明确且不统一，造成在实际执行中民办幼儿园可以在教育部门、民政部门和工商部门等多个部门注册。民政部门和工商部门因缺乏专业力量，既不负责资格审查，也不负责园所开办后定期的监督和管理，导致出现了"批管分离"的问题。在民政部门和工商部门注册的幼儿园，往往因为缺乏教育部门及其他相关部门对其进行严格的资质审查，存在着诸多不规范的办园行为。然而，这些幼儿园并没有到教育行政部门进行过审批，也没有登记备案，这就导致教育行政部门往往并不了解这些幼儿园的开办情况，或者即便知道这类园所的存在，但因为本部门不是这类园所的审批和注册部门，也难以真正做到对其进行监管甚至取缔，这直接导致社会上出现了一批办园条件不达标、安全隐患问题突出的"非法幼儿园"。

多头管理不仅导致园所审批情况混乱、批管分离情况突出，也为教育行政部门的行政执法带来困难。审批时多部门有权，行政执法时仅教育行政部门有责，教育部门责大权小，加上管理力量的严重不足，最终导致行政执法流于形式，甚至出现了"今天查处了不规范的幼儿园，明天他们换块牌子照常经营"的情况，且屡禁不止。

（四）联席会议制度往往流于形式，部门间的协同合作机制尚未建立

2003年，《关于幼儿教育改革与发展的指导意见》明确指出，"要建立由教育部门牵头、有关部门参加的幼儿教育联席会议制度"。然而，联席会议制度在实际的实施中往往流于形式。一方面，文件并未明确规定联席会议制度的层级，致使中央和省级层面并未充分落实这一政策，地方无法"上行下效"，很多县级和乡镇行政管理部门并未建立该制度或建立了也有名无实；另一方面，由于仅是由教育部门"牵头"，缺乏更高层领导机构的参与，教育部门无法有效统筹同层级其他行政部门的行动，导致联席会议的统筹力度削弱、工作成效较低，这也就意味着政府各职能部门间的协同合作机制尚未有效建立。

同时，学前教育是一项系统工程，其健康发展需要多部门的协同参与和支持，然而在已有的学前教育行政管理规定中，对教育部门作用的强调较多，而对在学前教育事业发展中起至关重要作用的发展规划、城乡建设、国土资源、财政和劳动人事等部门的规定不足。

（五）学前教育管理机构及其人员设置严重缺位，组织程序不健全

现有政策文件中仅在 1989 年 12 月 16 日颁布的《国家教委关于实施〈幼儿园管理条例〉和〈幼儿园工作规程（试行）〉的意见》中对人员配置数量和资质做出了规定，要求各级教育行政部门要有一名负责人分管"学前教育工作，并要求各地"建立和健全管理机构，配备和充实有一定政策水平和行政管理能力、懂专业的行政管理干部"（中国学前教育研究会，1999）。文件中对于学前教育行政管理机构和人员配置标准的规定宽泛且可操作性不足，虽然提出各地教育行政机构内应设立学前教育行政管理机构和人员，但缺乏对机构和人员设置数量、专兼职、行政归属、编制、资质和职责等具体标准的规定，对各地执行政策的指导性不强。这直接导致了学前教育管理机构和人员设置的随意性大，缺位严重。

首先，我国各省（自治区、直辖市）无论是行政区划面积、人口还是管辖的地市、区县、乡镇（街道）等的数量的差距都很大，各省（自治区、直辖市）教育行政部门管理的幼儿园数、幼儿教师数、幼儿人数的差距也较大，管理幅度、管理难度各不相同。以 2009 年统计数据为例，山东省共有 15 368 所幼儿园[①]，在各省（自治区、直辖市）中幼儿园数量最多，而宁夏回族自治区仅有 334 所幼儿园[②]，在各省（自治区、直辖市）中幼儿园数量最少，两地幼儿园数量相差 15 034 所。姑且不论配备"1 名幼教管理干部"这一数量标准过低的问题，就简单对比各省（自治区、直辖市）的幼儿园数量，也可以看出将各地人员配备标准统一设定为 1 人是不符合各地实际需要的，必然会导致人口多、面积大、园所多的地区学前教育行政管理和业务指导力量不足，从而使学前教育管理工作开展困难。

其次，该意见中的相关规定不明确，尽管提出了数量要求，但对这 1 名负责人的行政归属、编制以及专职、兼职等情况的规定不明，各地在执行时随意

---

① 2009 年山东省国民经济和社会发展统计公报 [EB/OL]．http://www.tjcn.org/tigb/15sd/6048_5.html [2019-08-01]．

② 2009 年宁夏回族自治区国民经济和社会发展统计公报 [EB/OL]．http://www.nxtj.gov.cn/tjgb/01003250004.htm [2019-08-01]．

性很大，导致当前我国学前教育管理存在缺乏领导机构、管理职位和人员设置不合理、管理力量薄弱的问题。例如，有研究发现，"省市幼教行政机构，除北京、天津等极个别城市外纷纷撤销，由基教处一名同志兼管，不少省市甚至没有幼教专职干部，或专职干部不'专干'，大大削弱了该地区幼教实际领导力量"（庞丽娟，胡娟，洪秀敏，2002）。2004年，国家教育督导团派出督查组对北京、河南、山东、江苏、吉林、湖南六个地区的幼儿教育进行督导，发现除北京外，其他五个地区中许多市、县没有专门的幼教管理机构和人员（国家教育督导团派出督查组，2006）。

最后，该意见中要求幼儿教育行政管理干部具有"一定政策水平和行政管理能力、懂专业"，却缺乏对"一定政策水平和行政管理能力、懂专业"的具体定义，规定不细致，因此对各地执行政策的指导性不强，各地难以按照统一的学历、职称、工作年限、专业等硬件条件选任幼儿教育行政管理人员，导致各地学前教育管理人员水平良莠不齐，管理能力和管理水平的差距较大。学前教育管理机构设置及其人员配置的严重缺位直接导致学前教育事业发展规划、组织领导和评估督导等无法获得基本保障。

自2010年以来，虽然很多地区增设了学前教育处或学前教育科，但仍有不少地区把学前教育归入基础教育或成人教育处室管理，如果配置了学前教育"专干"尚好一些，否则一人分管多头，学前教育往往又处于弱势，导致学前教育事业发展的职责仍落实不力。

（六）督导机构多隶属于教育部门，且重督学、轻督政

督导评估是政府落实发展学前教育责任的重要保障，然而，当前我国学前教育事业发展的督导评估机制存在诸多问题。首先，许多地区的督导机构属于教育行政机构的组成部分，还有部分地区的教育督导机构虽为政府下设，但设在教育局内，与教育局合用一班人马，属于"一个班子，两块牌子"，导致督导尤其是督政的客观性、有效性不强。其次，政府往往将督导评估定位为教育行政部门对托幼机构的监督、指导，而对政府普及责任的关键方面如政策制定、财政投入、领导管理等缺乏有效监督，不仅降低了督导评估的层次和效力，更无法从根本上解决领导和管理等核心问题。最后，当前的督导评估的过程性和多元性不强，不利于动态、多方面地督导和评估政府履行学前教育发展职责的情况。

二、我国学前教育管理体制改革的主要影响因素

任何体制都是特定环境的产物,其发展、变革是在多种力量相互作用的过程中实现的。学前教育管理体制是整个社会系统的重要子系统,受到社会环境、文化背景、意识形态等外部因素的影响,同时也受到改革意愿、观念意识等内在因素的制约。无论是从学前教育管理体制的历次改革,还是从自 2010 年以来的新一轮改革来看,在改革的背后都存在着内外多重因素的影响和制约,下面主要从外部和内部两大方面分析学前教育管理体制改革的主要影响因素。

(一)外部因素

1. 法规政策不完善,体制改革缺乏法规制度保障

我国学前教育事业发展和管理体制改革缺乏强有力的制度保障,尤其是法规政策方面的保障力度较弱。目前,我国学前教育立法层次偏低,国家层面的学前教育法呼声日高,却迟迟未能出台,而现行的学前教育法规政策层次偏低,仅处于我国教育法律体系中的第四层次。国务院于 1989 年颁布的《幼儿园管理条例》属于行政法规,但已经多年未修订,不能适应社会发展变化和学前教育管理体制改革的需要。法规制度层次低和不完善导致出现包括学前教育管理体制改革在内的许多突出问题,而这些问题必须有上位的法律法规才能从根本上得以解决。例如,《国家中长期教育改革和发展规划纲要(2010—2020 年)》中提出要重点发展农村学前教育,然而到目前为止,我国尚没有形成专门指导农村学前教育发展的法律法规。农村学前教育事业发展和管理体制改革缺乏相应的制度保障,导致资金、人员方面的调配得不到法律法规的支持,资源难以实行政策上的有效倾斜和配置,管理体制机制不顺。由于缺乏健全的管理体制,农村尤其是欠发达地区的农村教育行政部门协调无力,对农村学前教育事业监管不力,农村学前教育软硬件条件均远远落后于城市,严重影响了农村地区学前教育的质量。

目前,我国民办幼儿园的数量已经占了幼儿园总数量的半壁江山,然而我国民办学前教育管理的法规制度却很不健全,还没有与《中华人民共和国民办教育促进法》相配套的规范民办学前教育机构的政策法规,不能有效将与民办学前教育相关的人、财、物等方面的诸多行政管理和政府职能部门间的协调行为规范化,直接导致了学前教育管理体制机制的不完善。通过 2011—2013 年、

2014—2016年和2017—2020年这三期学前教育专项行动计划的实施，我国学前教育普及率快速提升。然而，由于缺乏相对高位且健全的学前教育事业发展责任追究机制，对于学前教育三年行动计划实施情况，以及各层级政府及其教育行政部门的教育法规执行缺乏正常的监督、明确的效果考核、必要的赏罚措施等责任追究规定，许多责任并不能与义务相照应，致使督政流于空泛，各层级政府及其职能部门相当多的义务并无法律责任的约束来保证。

2. 经济体制改革决定和影响着学前教育管理体制改革

经济基础决定上层建筑，经济体制作为我国学前教育事业发展与行政管理体制改革的重要外部因素，其发展和变革对学前教育管理体制改革的影响尤为明显。例如，1956年底，我国完成了对生产资料私有制的社会主义改造，基本确立了以社会主义公有制为基础的经济制度，建立并强化了计划经济体制，这就从根本上决定了我国社会的政治治理方式和行政管理形式，也决定了我国的学前教育管理体制。例如，1956年，教育部、卫生部、内务部联合颁发了《联合通知》，要求学前教育事业发展的方针是"全面规划，加强领导"；同时，为了发挥中央与地方两方面的积极性，又要适时、适度地扩大地方的行政管理权限，因此这一阶段学前教育管理体制改革的重点是行政机构的调整和权力的收放。此外，在计划经济体制下，学前教育分散化的投入主体也带来了分散化的管理体制，导致教育部门、民政部门、妇女联合会等各个行业主管部门都在管理学前教育，结果多头管理，一定程度上出现了"都抓都不管"的局面。

1984年，党的十二届三中全会提出我国要发展有计划的商品经济，实现了"国家调节市场，市场引导企业"的管理体制。相应地，我国在行政管理体制改革方面也提出了"党政分开、政企分开"的总体设想，并抓住"职能转变"这个关键，以"定职能、定机构、定编制"的方式进行机构改革，力图避免"精简—膨胀—再精简—再膨胀"的机构改革老路。1992年，社会主义市场经济体制推动行政管理体制改革有了历史性突破，建立了相对完整的现代行政管理体制，政府逐步退出了市场竞争主体的地位，从"划桨"向"掌舵"转变。总体来看，这样的改革是符合时代潮流的，然而20世纪90年代末，政府在逐步退出市场的同时，却在学前教育领域实施了以幼儿园转制为代表的办园体制改革，把幼儿园推向了市场，政府的引导和管理职能未能充分发挥。

3. 财政体制改革影响了学前教育管理体制改革中的纵向政府间关系

1994 年，我国开始实行分税制财政体制改革，其本质是政府间税制关系的衍变。分税制财政体制改革在理顺中央和地方的分配关系，加强税收征管，保证中央财政收入和增强宏观调控等方面发挥了一定的积极作用。相应地，这一时期的行政体制改革重点转向由中央政府逐步向地方政府放权，明确中央政府和地方政府各自的职能和职权范围。通过分税制财政体制改革，我国明确了中央政府和地方政府的财权划分，在一定程度上调动了地方政府在推动地方社会经济发展方面的积极性。然而，随着财政体制改革的推进，我国市、县以下政府财政收入所占份额不断降低，基层政府可支配财力出现逐年下降的趋势。2000 年，为减轻农民负担，中央明确提出要对农村税费制度进行改革，并从 2001 年开始逐步在部分地区进行试点、推广。

随着税费改革后教育经费筹措渠道的减少，农村教育经费严重不足。乡镇政府作为最基层的单位，一度承担着学前教育管理的主要和直接责任，但是由于层级过低、事权和财权失衡严重，难以统筹学前教育事业发展。

4. 农村义务教育管理体制提升重心后学前教育管理体制问题凸显

2001 年 5 月，《国务院关于基础教育改革与发展的决定》对农村义务教育管理体制进行调整，确立了"实行在国务院领导下，由地方政府负责、分级管理、以县为主的体制"，并指出"县级人民政府对本地农村义务教育负有主要责任"[①]。这次调整改变了以往农村义务教育实行"以乡为主"的管理体制，使得各级政府在农村义务教育管理权限上发生了变化。

农村义务教育管理体制改革对现行农村学前教育管理体制提出了新的挑战。由于义务教育管理体制改革，全国大部分地区撤销了乡镇教育行政管理部门，少数留存的乡镇教育行政管理部门的职能也逐步弱化。依据国家学前教育相关法规和政策文件，我国实行"地方负责，分级管理和有关部门分工负责"的学前教育管理体制，长久以来，乡镇政府在农村学前教育事业发展中承担主要责任。然而，在 1994 年分税制财政体制改革、2000 年农村税费改革之后，乡镇政府筹措学前教育经费的渠道进一步减少，全国大部分乡镇既无财力也无人力承担发展农村学前教育的职责，农村学前教育发展困难重重，学前教育管理

---

① 国务院关于基础教育改革与发展的决定 [EB/OL]. http://www.eoe.gov.cn/jybxxgk/moe1777/moe1778/201412/t20141417_181775.html [2019-08-12].

体制改革势在必行。

（二）内部因素

1. 政府一度以经济导向改革为主，对学前教育的认识不足

改革开放前，学前教育以公办和集体办为主，这个时期学前教育是作为后勤保障的内容，由政府承担了供给的主要责任，因此学前教育管理以政府为主，与事业单位管理并轨。20世纪末，我国进行事业单位改革，幼儿园被逐步剥离出来，尤其是在幼儿园转制浪潮中，经济为先的政策价值导向导致幼儿园被作为"包袱"甩向社会，学前教育管理体制改革也未能引起政府的足够重视，未能建立社会办园的科学、规范的管理和监督机制。

出现这些问题，归根结底是由于政府部门对学前教育的重要性认识不足，政府职能定位和机构改革未能在剥离幼儿园的同时做出相应调整，加之有些地方政府行政领导和教育行政部门负责人对学前教育工作的重要性、紧迫性认识不足，没有将其摆到应有的位置，导致学前教育发展一度滞后。此外，一些地方政府尤其是主管农村的基层政府及其领导对学前教育的公益性认识不足，将其置于经济发展之后，并缺少相应的合理、科学的领导、规划与政策保障，这也是导致学前教育管理体制改革滞后的重要原因。

自21世纪以来，我国逐步提出要建设"公共服务型政府"，政府的执政理念发生转变，将提供社会服务和改善民生作为政府的重要职能之一。自2010年以来，更是推出关涉学前教育事业发展和管理体制改革的一系列举措，致力于有序推进学前教育管理体制改革。

2. 政府作为改革主体与对象，缺乏改革的内部动力

除了个体层面的主观意志方面的原因之外，学前教育管理体制改革面临困境的原因还有很多。从组织变革和发展动力学的角度分析，可以发现，作为学前教育管理体制改革执行者的政府部门及其工作人员本身对改革缺乏足够的内在动力。众所周知，企业发展和变革的外部动力主要来源于顾客需求、竞争关系、科技进步等市场因素的变化，这些作为环境压迫力量的外部动力可能会直接转化为企业改革和发展的内部动力，从而激励乃至迫使企业做出变革，以适应外部环境的变化，否则这个企业就会面临亏损甚至破产的严重后果。

与企业的变革和发展主要取决于外部动力不同，我国学前教育管理体制改革的外部动力主要来自公民对普惠性学前教育的需求和民办学前教育机构要求政府提高办事效率的诉求。但是，由于政府是一种处于非竞争状态的公共组织，再加之我国历史遗留下来的传统因素，都导致政府缺乏约束，甚至在某种程度上成了一个"自在自为"的组织。具体到学前教育行政管理体制改革方面，体制改革的外部要求并不一定能必然、等量、直接地转变为政府改革的内部动力，因此政府就有可能在一定程度上消极对待，甚至忽略乃至排斥外部的变革压力。鉴于此，学前教育管理体制改革滞后的重要原因之一，可以归结为改革者即政府部门及其工作人员本身缺乏直接的内在动力。

3. 受传统行政观念掣肘，行政管理者的公共服务意识有待增强

影响学前教育管理体制改革的内部因素除了政府自身缺乏推进改革的动力之外，还有传统行政观念的掣肘和利益相关性等因素。行政体制改革过程中本身隐含着一个利益悖论，即行政管理体制改革的显性公共目标取向与改革执行者的隐形私利目标取向之间存在矛盾。对于这一问题，政治经济学中的公共选择理论和新制度主义经济学中的制度变迁理论均有所涉及，主要包括行政管理者有谋求自身利益的倾向，以及行政管理体制改革的执行者对改革成本与收益的预期两个方面。对于行政管理者的个体利益问题，除了保证其合理的经济报酬之外，在工作成就上取得心理满足同样重要。以政府为代表的公共部门天然地拥有一些优于其他组织的工作特征，比如，政府公务人员服务公共利益所取得的荣誉感、对所做工作的预期社会效益及职业的相对稳定性等。因此，在行政管理体制改革及其下位的学前教育管理体制改革过程中，通过发挥非经济报酬的内在激励功能和补偿功能，转变传统行政观念，切实提高行政管理者的公共服务意识，也至关重要。

此外，政府部门内部是否形成了与"激励—约束""报偿—绩效"对应的人事行政运行机制，也是影响学前教育管理体制改革的重要因素。政府的人事行政体制主要以传统的科层制为组织架构，因此普遍存在激励和约束不对称、报偿和绩效不对应的问题，这也是导致政府及其公务人员容易产生"不求有功、但求无过"的守成思想的制度性原因。具体到我国，这一问题主要表现为"弱约束—弱激励""报偿—绩效偏离"，即对政府部门及其公务人员的行政行为缺乏有效的激励和约束，政府部门及其公务人员的报偿与绩效相关度较低，甚至完全分离（吴志华，2006）。

三、我国学前教育管理体制改革的新进展与面临的主要挑战

自 2010 年以来,随着学前教育事业的快速发展,我国学前教育管理体制改革也在有序推进,出现了一些新进展。同时,随着经济社会发展和国内宏观政策形势的变化,我国学前教育管理体制改革也面临着新的要求和挑战,不断改革和完善学前教育管理体制势在必行。

(一)当前我国学前教育管理体制改革的新进展

自 2010 年以来,随着学前教育事业的快速发展,学前教育管理体制改革也在有序推进,尤其是明确了政府主导,并在此基础上逐步规范了各层级政府的主要职责。具体而言,2010 年,《国务院关于当前发展学前教育的若干意见》要求各地"以县为单位编制学前教育三年行动计划",对地方政府尤其是县级政府的学前教育规划和行政管理职能做出强调。2014 年印发的《教育部 国家发展改革委 财政部关于实施第二期学前教育三年行动计划的意见》提出:"省级和地市级政府加强统筹,县级政府落实主体责任",进一步明确了省市政府统筹和县级政府主体的职责,是国家对政府承担学前教育发展责任在地方的进一步延伸和明确。2017 年,《教育部等四部门关于实施第三期学前教育行动计划的意见》强调建立健全"国务院领导,省地(市)统筹,以县为主"的学前教育管理体制,要求省级、地市级政府加强统筹,加大对贫困地区的支持力度;落实县级政府主体责任,充分发挥乡镇政府的作用。

特别值得注意的是,2018 年 11 月,《中共中央 国务院关于学前教育深化改革规范发展的若干意见》提出,"办好学前教育、实现幼有所育,是党的十九大作出的重大决策部署,是党和政府为老百姓办实事的重大民生工程,关系亿万儿童健康成长,关系社会和谐稳定,关系党和国家事业未来",其中提出了两个"重大"、三个"关系到",并且在"国家"前面突出了"党",对学前教育从党的领导的角度做出了强调,在最高政策层面明确了"坚持政府主导。落实各级政府在学前教育规划、投入、教师队伍建设、监管等方面的责任,完善各有关部门分工负责、齐抓共管的工作机制"。该文件还强调"落实监管责任。强化各级党委和政府及各有关部门的监管责任,建立健全教育部门主管、各有关部门分工负责的监管机制。健全各级教育部门学前教育管理机构,充实管理力量,建设一支与学前教育事业发展规模和监管任务相适应的专业化管理队伍",多举

措"规范发展民办园","提高幼儿园保教质量"。"健全管理体制。认真落实国务院领导、省市统筹、以县为主的学前教育管理体制。积极推动各地理顺机关、企事业单位办幼儿园的办园体制,实行属地化管理。国家完善相关法规制度,制定学前教育发展规划,推进普及学前教育,构建覆盖城乡的学前教育公共服务体系。地方政府是发展学前教育的责任主体,省级和市级政府负责统筹加强学前教育工作,推动出台地方性学前教育法规,制定相关规章和本地学前教育发展规划,健全投入机制,明确分担责任,完善相关政策措施并组织实施;县级政府对本县域学前教育发展负主体责任,负责制定学前教育发展规划和幼儿园布局、公办园的建设、教师配备补充、工资待遇及幼儿园运转,面向各类幼儿园进行监督管理,指导幼儿园做好保教工作,在土地划拨等方面对幼儿园予以优惠和支持,确保县域内学前教育规范有序健康发展。城市街道办事处、乡(镇)政府要积极支持办好本行政区域内各类幼儿园。"

可以说,随着 2010 年以来学前教育管理体制改革的逐步推进,"九五"期间学前教育社会化引发的政府职能弱化甚至消减的趋势在一定程度上得以缓解,学前教育中的政府职能不断回归并逐步增强。2018 年,《中共中央 国务院关于学前教育深化改革规范发展的若干意见》更是从最高政策层面上明确国务院是中央具体领导部门,强调了省(自治区、直辖市)、市和县不同层级政府的具体职责,保障了学前教育管理体制改革的进一步深化和学前教育事业的规范发展。

(二)我国学前教育管理体制改革面临的主要挑战

近年来,随着经济社会发展和国内宏观政策形势的变化,财政管理体制和教育管理体制改革的推进,社会对于适龄儿童接受学前教育需求的不断增长,以及我国学前教育管理体制改革面临的新挑战,不断改革和完善学前教育管理体制势在必行。

1. 政府职能转变要求政府在学前教育事业发展中发挥主导作用

当前,我国政府的施政理念发生转变,提出要"以人为本"构建"和谐社会",从"以政府为中心"转变到"以满足人民需求为中心",建设公共服务型政府。公共服务型政府的理念意味着政府需要从过去聚焦经济建设扩展到社会服务等更为广阔的领域。在新的形势下,为满足人民日益扩大的社会公共需求,加强和优化公共服务理念、调整政府结构、转变政府职能已经成为我国政府行政改革的核心。自 2004 年"建设服务型政府"被明确提出以来，建构公共服务体系、提供有效的公共服务已经成为我国政府职能转变的基本目标与定位，成为现代公共服务型政府的根本职能。

我国学前教育资源总量有限，尤其是高质量的普惠性公共学前教育资源严重不足，导致当前"入园难、入园贵"问题突出，并且这些问题已经成为重点需要解决的教育问题、社会问题和民生问题。作为国民教育体系的基础环节、基础教育重要组成部分的学前教育，其公共性仅次于义务教育，而且随着社会经济的发展和其强正外部效应的日益凸显，其公共产品属性不断趋强，理应受到政府的更大关注。政府的公共服务职能要求其以改善民生为基本职责，积极回应公众需求，在学前教育事业发展中发挥主导作用，提供和加强基本学前教育公共服务。可以说，政府在学前教育事业发展中主导职责的切实落实，是在当前我国政府职能转型背景下，教育公共服务领域中政府职责定位的必然要求，也是影响和决定我国学前教育战略发展方向的关键与前置性问题。

结合新的发展形势来看，目前我国学前教育体系中最薄弱的环节就是为婴儿提供保育。此外，我国学前教育事业发展面临的最大挑战，也许将会是为需求日益多样化和人口不断增长的学前儿童培养、招聘、培训和留住好的幼儿园教师和保育员。在现有体系中，学前教育教师的流动率较高，令人担忧，在实践中可以看到很多教师正在离开学前教育领域。尽管大部分幼儿园教师喜欢自己的工作，但是这种损耗仍在发生，因为学前教育教师的工资和保险金并没有竞争力。尤其是自 2016 年实施"全面二孩"政策以来，社会对学前教育的需求进一步增加，新园所的建设也日新月异，在此过程中合格师资的缺乏成为巨大的问题，这个问题随着新教师离职和老教师退休而进一步凸显。为此，各层级政府及其职能部门需要分工协作：一方面，建构和完善 0~3 岁婴幼儿托育体系；另一方面，制定政策、灵活管理，使学前教育教师"补得上、干得好、留得住"。

2. 财政体制改革要求学前教育管理整体提升责任主体重心

1994 年，我国开始实施分税制财政管理体制改革，根据事权与财权相匹配的原则，将税种统一划分为中央税、地方税、中央与地方共享税，建起了中央和地方两套税收管理制度。分税制财政管理体制改革在理顺中央和地方的分配关系，加强税收征管，保证财政收入和增强宏观调控方面发挥了一定的积极作用。然而，虽然分税制财政管理体制改革使中央、省级政府财政收入所占份额逐步提高，中央财政收入比例甚至占财政总收入的50%以上，但是在整个学前教育投入格局中，却是地方财政占大头，中央财政只占很小的比例，这在一定程度上缩减了中央政府财政对学前教育的投入。根据事权与财权相匹配的原则，中央政府应该在学前教育事业发展中承担更多的责任。

随着财政体制改革，我国市县以下的政府财政收入所占份额不断降低。2000年，为了切实减轻农民负担，中央明确提出要对农村税费制度进行改革，并从2001年开始逐步在部分地区进行试点、推广。农村税费改革是中共中央、国务院做出的重大决定，从长远来看符合农民利益。从教育领域来看，农村税费改革取消了农村的教育费附加和农村教育集资，并进一步将农村教育经费纳入各级政府的财政预算予以保障，稳定了农村教育投入，保证了农村教育的稳定和健康发展。然而，从目前来看，随着税费制度改革后教育经费筹措渠道的减少，农村教育经费也随之减少，教育系统承受了比以往更大的财政压力，尤其是区县、乡镇一级教育部门的压力更大、问题更为突出。乡镇（街道）作为最基层的单位，目前承担着学前教育管理的主要和直接责任，然而乡镇（街道）的财力是最为薄弱的，这就导致学前教育发展的经费投入和资金筹措缺乏保障，管理层级过低，学前教育事业的发展无法有效统筹。因此，当前我国亟须整体提升学前教育行政管理的责任主体重心：一方面，明确县（区）作为学前教育管理的责任主体；另一方面，中央政府也应该加强宏观调控和加大转移支付力度，省（市）政府应该加强统筹，在学前教育行政管理中发挥更加积极的作用。据新华网报道，财政部教科文司司长赵路在新闻通气会上说，"十二五"期间中央财政投放500亿元，重点支持中西部地区和东部困难地区发展学前教育（杨东平，2012）。

3. 多种形式扩大学前教育资源要求政府相关部门明确职、权、责划分

我国学前教育资源本来就不充足，"九五""十五"期间出现的社会化、市场化转向，更加剧了优质、普惠性公办学前教育资源的减少。自2008年以来，"入园难、入园贵"问题凸显，成为重点需要解决的教育问题、民生问题和社会问题。人民群众普遍反映孩子"入园难"，尤其是进入收费合理、质量有保障的公办园更是难上加难；一些地方甚至出现了幼儿园收费高昂，甚至超过大学学费的情况。为了积极发展学前教育，着力解决当前普遍存在的"入园难、入园贵"问题，满足适龄儿童的入园需求，中共中央、国务院先后召开多次会议，出台政策，积极探讨扩大学前教育资源的多种形式，并进一步对政府相关部门明确职、权、责划分提出了要求。

首先，大力发展公办园，提供"广覆盖、保基本"的学前教育公共服务。城镇小区配套幼儿园和农村乡镇中心幼儿园作为扩大学前教育资源的重要途径，需要政府及其相关职能部门统筹规划、协调管理，明确各自的职、权、责划分。在农村，乡镇中心幼儿园的建设和发展应该主要由县级政府牵头，并协调处理好教育、发展改革、规划、国土、建设、财政和人事等部门的关系，统筹并充分、有效地利用现有农村富余的教育资源，多渠道扩大学前教育资源；在城市，小区配套幼儿园应该在明确其性质、用地和产权的基础上，由政府牵头，建立和完善教育、发展改革、规划、国土、建设、财政、人事等相关部门的联合机构，统筹领导与协调小区配套幼儿园的建设和管理工作，加强部门间的协调机制，并明晰各自的职责，明确审批验收和产权移交程序，切实保障配套幼儿园的建设与管理，尤其是要充分发挥教育部门的审批、验收和管理职权。其次，鼓励社会力量以多种形式举办幼儿园，积极扶持民办幼儿园，特别是面向大众、收费较低的普惠性民办幼儿园。在对民办园的扶持和管理中，需要吸取"九五""十五"期间学前教育事业发展的经验和教训，也需要明确教育、民政、工商、税务、卫生等各个相关部门各自的职、权、责划分，避免出现权责配置交叉，以及多头管理、批管分离等问题。为了保证教育行政部门的行政执法权，上海、广东、江苏、湖北、四川、贵州、甘肃、宁夏等地区确立了教育部门归口管理的学前教育管理制度，可以为我国学前教育管理体制改革提供启示和借鉴。

第四章
学前教育管理体制改革的国际经验及其启示

近年来,世界各主要国家都在积极探索和完善本国的学前教育管理体制,将其作为行政体制和教育体制改革的重要内容。总体来看,世界各主要国家学前教育管理体制改革呈现出均权化、民主化、科学化和专业化等趋势,着力明确并不断强化和落实政府在学前教育事业发展中的重要职责,明晰各层级政府的权责配置,确立相关部门职责并建立跨部门、高层级的协调合作机制。此外,各主要国家相关的法律规定明确了这些国家学前教育事业发展中各级政府及其各相关部门的职责,切实保障和积极推动了学前教育事业的健康、稳定发展。回顾我国学前教育管理体制改革的发展历程,可以为我们提供纵向参考,以史为鉴;放眼世界主要国家学前教育管理体制改革的有益经验和多元特点,则可以使我们在横向上开阔视野,借他山之石以攻玉。因此,在回顾我国学前教育管理体制改革发展历程的基础上,本章试图进一步在国际视野下审视我国学前教育管理体制改革,从而更客观、更清晰地认识我国学前教育管理体制的优势与不足,把握学前教育管理体制改革的基本规律,借鉴他国的有益经验,为我国学前教育管理体制改革提供决策咨询和政策建议,积极推动我国学前教育管理体制改革,保障学前教育普及目标的实现。基于此,本章尝试以经济合作与发展组织成员国、一些人口大国、古巴等国为对象,在深入研究并分析其学前教育管理体制的基础上,采用横向国际比较的方法对这些国家学前教育管理体制改革的有益经验进行提炼和概括。

需要说明的是,我们在针对具体问题讨论时,不能忽略各国的政治、经济和文化背景，即不仅要认识到学前教育管理体制改革的国际经验，也要进一步剖析其背后的影响因素。因此，在借鉴国际经验时，也要考虑到各国国情的差异，尽量掌握世界范围内学前教育管理体制改革发展的趋势，并在把握总体趋势的基础上，为我国学前教育管理体制改革提供启示和借鉴，而非机械地照搬具体措施。此外，由于不同国家语言不同，本章主要立足英语和汉语的相关研究成果和国际组织报告，并尽量澄清学前教育在不同文化背景中的不同术语和年龄划分。具体而言，学前教育指的是从初生到入学前的教育，对应学龄前儿童。在我国，法定入学年龄是 6 周岁，因此学前教育主要是指针对 0～6 岁儿童进行的保育和教育。在英文中，学前教育相对应的主要提法包括早期教育（early childhood education，ECE）、早期教育与保育（early childhood education and care，ECEC）、早期保育与发展（early childhood care and development，ECCD）、早期儿童发展（early childhood development，ECD）等。世界各国的入学年龄有差异，因此在涉及不同国家的学前教育时，其名称也比较混杂，学前教育机构的名目各异。例如，美国学制实行 K-12 义务教育，其中"K"指的是 kindergarten，虽然翻译成幼儿园，却是指小学的 K 年级（相当于我国的幼儿园大班），是义务教育的起始；法国的公立幼儿学校甚至招收 2～3 岁的幼儿入学接受准义务教育。各国其他的学前教育机构还包括儿童中心（childcare center）、保育学校（nursery school）、前幼儿园（pre-kindergarten）、婴儿学校（infant school）等，招收儿童的年龄和侧重有所不同。此外，即使不同的国家使用同一名称，其实际招收儿童的年龄段、教育宗旨、活动组织方式等也可能存在差异。仍以美国为例，蒙·科克伦在其《儿童早期教育体系的政策研究》中，将美国的儿童早期教育体系界定为："1. 从出生到 5 岁婴幼儿的保育与教育服务，即在父母工作或接受进修时对学龄儿童上学前、放学后的照顾；2. 其他以幼儿发展为基础的对学龄前儿童的早期教育经验；3. 学龄前儿童父母所能获得的关于幼儿发展、儿童保育和早期教育的信息。"（蒙·科克伦，2011）这里的学龄前不仅指幼儿从刚刚出生到进入小学前的这段时期，还承认了早期学龄时期（5～8 岁）对上学前和放学后提供看护服务的必要性。综上所述，本章在涉及学前教育管理体制的国际经验时，主要包括从初生到入学前，有时也涉及小学低年级（8 岁前）儿童教育的管理体制。

第一节　明确学前教育的性质，提升定位，强调国家学前教育战略

学前教育的性质、地位和功能是世界各国学前教育管理体制改革中根本性和前置性的问题。一个国家对学前教育性质、地位和功能的定位，体现出这个国家对学前教育的重视程度，也从根本上决定了一国政府在学前教育事业发展中应承担怎样的责任。世界各主要国家均不同程度地明确了学前教育的公益性质和普惠内涵，并将其作为国民教育的奠基，强调其对个体发展、家庭稳定和社会和谐的重要性。基于此，世界各主要国家开始逐步强化政府在学前教育事业发展中的主导责任。

一、明确学前教育的性质，规定并凸显其重要价值

从学前教育是否属于或在多大程度上属于公共产品的性质出发，结合学前教育是否免费及其经费来源等特点分析，当前世界各主要国家的学前教育可以分为三种类型：①学前教育属于公共产品性质，完全免费，代表性国家如法国；②学前教育属于准公共产品性质，不完全免费，代表性国家如美国、英国、韩国、印度、澳大利亚等；③学前教育属于准公共产品性质与普遍缴费类型，代表性国家如日本（中国学前教育发展战略研究课题组，2010）。

当前，世界各主要国家充分认识到了学前期是个体发展最为基础和重要的时期，并在其相关法律法规中不同程度地明确规定了学前教育的公益性质，将其定位为国民教育体系的奠基阶段和学制的重要组成部分，认为学前教育对儿童身心全面发展、教育质量整体提升乃至社会公平均起着非常重要的基础性作用。例如，早在1974年，印度就在其《国家儿童政策》中明确提出"儿童是极其重要的国家财富"，并在宪法中规定"国家应竭尽所能为所有6岁以前的儿童提供早期儿童教育和保育"。

法国对学前教育的重要性和价值有着较为明确、统一的认识，强调学前教育的奠基性与公益性，并赋予其准义务教育的法律地位。例如，法国的《教育法典》《教育基本法》都提出学前教育对儿童发展具有不可替代的作用，并明

确指出学前教育对于儿童当下的成长与以后的成功，特别是对于小学阶段的教育具有重要的作用，并已获得社会的一致公认。此外，法国还把学前教育作为学校教育的基础阶段，从2～3岁起即招收全部儿童进入幼儿学校，将其作为教育政策的一项重要目标，并努力促使其成功（吕达，周满生，2004）。英国重要的学前教育政策报告《早期奠基阶段》在开篇即阐明：多项研究结果均表明，如果儿童接受过学前教育与保育，则其在上学时会有更好的表现，尤其是在数学和英语方面，相比那些没有接受过学前教育的儿童，这些儿童具有更加明显的优势。此外，高质量的学前教育越早开始，其对促进儿童智力发展和入学适应的效果就越显著。日本在2006年修订的《教育基本法》中明确指出："幼儿期的教育是一生当中人格培养的重要基础"，充分肯定了学前教育的奠基性作用。

此外，作为发展中人口大国的巴西，2001年，其在由国民议会通过的具有法律效力的《国家教育计划2001—2010年》中专门提出，学前期是个体生活的最初阶段，此阶段的经验可以为个体的终身发展奠定重要的基础。学前教育在人的全面发展中发挥着越来越重要的作用，因为其奠定了儿童在智力、人格、情感、生活以及社会化等方面的基础。此外，巴西还强调并明确阐释了学前教育对于国家人力资源储备与社会经济发展的重要作用与价值，指出学前教育是社会发展的必需，应该使儿童在这一时期接受到最好的教育教学，这也是国家教育计划的重要内容之一。新西兰在2002年颁布的重要的教育规划与教育政策《早期教育十年战略规划（2002—2012年）》中阐明，早期教育不仅能为儿童终身发展奠基，也能为新西兰的未来发展奠基，表明其充分认识到了学前教育在国家发展中的意义与价值。

二、提升学前教育地位，强调国家学前教育战略

世界各主要国家对学前教育价值的日益重视，进一步提升了学前教育的地位，并在此基础上明确了学前教育的性质，强化了学前教育的原则。此外，为了切实保障学前教育功能的发挥，促进学前教育事业发展，世界各主要国家还进一步强调了国家学前教育战略。

总体来看，世界各主要国家就学前教育在学制系统中的重要地位方面，均做出了明确且具有较高一致性的规定，将学前教育作为国家学制系统的重要组成部分，作为基础教育的第一阶段。例如，法国早在1886年的相关法律中就将

学前教育纳入初等学校的范畴，并将幼儿学校和儿童班均纳入了"实行初等教育"的小学中（吕达，周满生，2004）。美国则将学前教育发展目标列为众多发展目标之首，在《2000年目标：美国教育法》第一编"国家教育目标"中的八大教育目标之首就是为学龄前儿童做好入学准备。在美国教育史上，把学前儿童的入学准备置于全美八大教育目标之首，并且以联邦立法的形式加以规定尚属首次，足见美国联邦政府对学前教育的重视程度。自20世纪以来，美国发起了三次全国性的早期教育与保育运动，分别是60年代致力于为加强入学准备进行早期干预的"开端计划"，70年代致力于为贫困家庭儿童提供托管和日托服务的"早期保育计划"，以及80年代以家庭资源支持家庭成员方式促进儿童发展和支援有年幼子女家庭的"家庭资源"项目。这三场运动都产生于对经济和社会处境不利儿童的关怀，基本目标是在负面影响产生之前为家庭提供帮助，促进儿童的健康发展，为国家发展奠基（蒙·科克伦，2011）。

巴西的《国家教育指导方针和基本法》第29条也规定了学前教育是基础教育的第一阶段，直接目标是促进初生儿至6岁儿童在身心、智力和人际交往等方面的全面发展，并进一步将其作为完善家庭和社会的重要途径。这是巴西首次明确将学前教育正式纳入教育体系，并将其作为基础教育的第一个阶段。日本最新修订的《学校教育法》第22条特别强调了"幼稚园是奠定义务教育及其以后教育基础的机构"。从1964年开始，日本政府已经先后实施了多次长期而大规模的幼儿教育振兴计划，涵盖学前教育的各个环节，包括提高学前教育入学率，实施入园奖励计划，资助困难家庭儿童入学，划拨专款保障幼儿园园舍建设，增进幼小衔接和幼保一体化等。每一次的幼儿教育振兴计划都依据时代的不同需要和当时日本学前教育的发展状况提出适宜的改革建议，从而有力地促进了日本学前教育事业的发展。1986年，印度在《国家教育政策》中也明确把学前教育作为各级教育的第一阶段，正式将其纳入国家教育体系之中，成为基础教育的有机组成部分，并明确规定"要高度重视儿童的保育和教育"。

此外，一些国家和地区还从社会和国家发展的角度，将学前教育提升至国家教育行动计划的高度，强调实施国家学前教育战略，并通过国家战略提高和强化学前教育的重要地位。例如，巴西的《2000年国家教育计划》明确规定学前教育是巴西社会发展的必需，儿童的学龄前阶段十分重要，应该使儿童在这一时期接受最好的教育，并将其作为国家教育计划的重要内容之一。日本的《教育基本法》第11条则明确规定，由于幼儿期的教育是人一生中人格培养的重要奠基时期，因此国家和地方的公共团体均必须努力创造良好的环境，并采取适当方法，以促进幼儿的健康成长，振兴幼儿教育事业。[①] 为更好地普及学前教育，提高其质量，尤其是保障弱势儿童平等地享有学前教育权利，世界许多国家还先后推出了大型的学前教育行动计划或出台了专门针对弱势儿童的学前教育扶助政策。这些国家学前教育计划和弱势扶助政策通常由政府以国家行动的名义发起，由各级政府负担经费，层次较高，具有广泛的影响力和一定的持续性。例如，美国的"开端计划""0~5岁教育计划"，英国的"确保开端计划"和印度的"儿童发展综合服务计划"等。

第二节 明确并不断强化政府在发展学前教育事业中的主导责任

国际社会逐步认识并深刻理解了学前教育的重要价值与功能，当前世界各国政府发展学前教育的责任意识也不断得到强化。近年来，美国、英国、法国、德国、日本、印度、巴西等世界主要国家均着力明确、落实并不断强化政府在学前教育事业发展中的重要责任，相应地，其政府在学前教育发展中的主导性也不断得以加强。

一、明确规定政府在学前教育事业发展中的主要作用

当前，高度重视学前教育，以政府为主保障和促进学前教育事业发展，保障儿童的平等受教育权，已经成为世界各主要国家的共识，不少国家纷纷从法律法规的层面明确了政府在发展学前教育事业方面的重要职责，且高度重视落实政府责任，这充分体现了其举全国之力发展学前教育的坚定信心。特别值得注意的是，除了在学前教育专门法中对政府发展学前教育的职责及其分工做出了明确规定，为引起各级政府对发展学前教育职责的高度重视，并保证切实执行，许多国家还纷纷在宪法、国家基本法等国家最高法律，以及在教育法、教育基本法等国家教育法中明确和强调政府发展学前教育的主导职责，这些国家

[①] 李协京. 从《教育基本法》的修订看日本教育改革的走向 [EB/OL]. http://www.jksx.net/ListClass.asp [2012-03-05].

既包括日本、法国等发达国家，也包括印度、巴西等发展中国家。

首先，世界许多国家在其国家的根本大法中均明确规定了政府对包括学前教育在内的基础教育的发展承担主导责任。例如，法国的宪法和《教育法典》均明确规定建构免费和世俗的各级公共教育是国家的责任，其中各级公共教育就包括从2~3岁就开始的幼儿教育。巴西在其宪法第208条明确规定，国家的教育责任之一是保证实施义务、免费的基础教育，将发展教育事业作为国家的基本责任与义务，从国家根本大法的高度明确了巴西联邦政府发展教育，包括学前教育事业的重要责任。2001年，印度的《宪法第86次修正案》第45条也明确提出，"国家应尽力为6岁以下的儿童提供学前教育"，明确了国家在学前教育发展中的责任和义务，为国家支持和促进学前教育发展提供了宪法依据，奠定了法律基础。

其次，许多国家还在其国家教育基本法中明确规定了政府在发展学前教育中的主导责任。例如，法国在其具有教育基本法地位的《教育指导法》第1条就规定"教育是国家最优先发展的事业；公共教育应根据各类学生构建和组织"，明确了国家在发展各级各类教育中的主导职责，包括学前教育；日本的《教育基本法》第11条明确指出，"由于幼儿期的教育是人一生中人格培养的重要奠基，国家和地方的公共团体必须努力创造良好的环境，并采取适当方法，以利于幼儿健康成长，振兴幼儿教育事业"[①]。作为发展中人口大国的印度和巴西近些年也重视在教育基本法中明确政府在促进学前教育事业发展中的主导责任。例如，印度实施学前教育的主要机构是公立的，其目标群体主要是弱势群体，尤其是那些处于偏远农村地区和被边缘化地区的不利儿童，其最著名的学前教育计划——"儿童综合发展服务"项目即主要服务于0~6岁儿童；巴西的《教育指导方针和基本法》第2条明确规定发展教育是"国家的义务"，并在第4条进一步就政府在发展学前教育方面的基本职责做出了明确界定，国家对教育的责任主要通过以下方面实现：提供强制性的、免费的基础教育；免费接收0~6岁儿童进入托儿所和幼儿学校。可见，通过宪法和教育基本法，世界各主要国家依法明确了政府在发展学前教育事业中不可推卸的责任与义务。

为学前教育的发展提供足够的物质保障，特别是充裕的财政投入，是衡量一个国家对学前教育重视程度的重要指标。英国的基础教育投入以政府为主，

---

① 李协京. 从《教育基本法》的修订看日本教育改革的走向 [EB/OL]. http://www.jksx.net/ListClass.asp [2012-03-05].

地方政府的财政支出主要依靠中央财政的转移支付，而在教育经费的分配和管理方面，地方政府负有重要责任（沈卫华，2007）。近年来，英国通过不断加大对学前教育的财政投入，尤其是对学前教育实行预算单列，保障了学前教育经费的充足和稳定。美国设立于 20 世纪 30 年代的对有未成年子女家庭的补助计划（aid to families with dependent children，AFDC）已经持续了 60 多年；设立于 20 世纪 60 年代的"开端计划"旨在使贫困儿童顺利入学，打破贫困代际传递的链条。许多欧洲国家则对所有有子女家庭发放"儿童补贴"，以帮助他们支付抚养子女的费用（蒙·科克伦，2011）。我国自 2019 年起在个人所得税中扣除子女教育费用，可以视为国家对教育事业的间接投入，也体现了这一国际趋势。

二、不断强化政府在学前教育事业发展中的主导责任

通过对世界各国学前教育管理体制及其规定进行分析，可以发现近年来无论是以法国和印度为代表的中央主导管理模式，以英国和日本为代表的中央与地方合作管理模式，还是以美国、巴西为代表的地方自主管理模式，其都通过出台法律和政策、实施国家学前教育行动计划等方式，不断强化政府在发展学前教育事业中的主导责任。

一方面，世界各主要国家在深刻认识到学前教育的重要性的基础上，不断出台相关法律或法律的修正案，强化政府在发展学前教育中的主导责任。例如，自 20 世纪 80 年代以来，美国在联邦层面颁布实施的专门针对或关涉学前教育的法律及其修正案就包括《提前开始法》（1981 年）、《家庭援助法》（1988 年）、《儿童保育与发展固定拨款法》（1990 年）、《全美儿童保护法》（1993 年）、《2000 年目标：美国教育法》（1994 年）、《儿童网络保护法》（2000 年）、《早期学习机会法》（2000 年）、《不让一个儿童掉队法》（2001 年）和《入学准备法》（2005 年）等，通过这些法案和法规，美国政府在学前教育事业发展中的主导责任不断得以强化。近年来，英国也越来越重视本国学前教育的发展，制定和颁布了诸如《教育改革法》（1988 年）、《每个儿童都重要》绿皮书（2003 年）、《儿童法》（2004 年）、《儿童保育法》（2006 年）和《儿童保育十年战略》（2004 年）等，在这些法律法规中政府的主导责任均得以强调，并改进了英国政府对学前教育的领导、协调与干预，强化了国家对学前教育发展的领导职责，同时也强

化了地方政府在发展学前教育中的责任，为英国学前教育发展提供了一定的法律与政策保障。

另一方面，为保障政府主导学前教育发展的责任得以贯彻落实，确保政府职责不落空，世界各国还注重对中央和地方各级政府在发展学前教育方面的具体职责进行明确划分。以德国为例，有关德国学前教育事业发展中各级政府的责任划分主要体现在从《德意志联邦共和国基本法》到《儿童和青少年救助法》等诸多条款中。这些法律法规明确了联邦政府的责任主要在于制定《儿童和青少年救助法》，推动和促进跨州的学前教育项目，成立联邦青少年监察会，联邦政府每 4 年提交一份儿童和青少年教育报告；各州的责任是促进学前教育机构的健康与稳定发展，保障学前教育持续发展，并通过咨询和培训为本地的学前教育机构提供支持；市镇的责任则主要在于成立青少年福利局，负责地区自治范围内的学前教育事业规划与推进。对政府学前教育发展总体职责的规定，为中央和地方各级政府划分学前教育的具体职责提供了基础。此外，当前世界各主要国家基本明确了学前教育属于基本公共服务的范畴，并认识到由于市场失灵的存在，政府在进行宏观调控的同时，必须切实承担起保障学前教育底线供给的责任，这也正是各国强调国家学前教育战略、发起国家学前教育行动计划的重要原因之一。

第三节　明确并强化中央政府在发展学前教育事业中的重要职责

从世界各国学前教育管理体制改革的情况来看，中央和地方权责配置存在均权化的趋势，然而，中央政府作为一国学前教育事业的最高行政领导机构，近年来，其在学前教育事业发展中的重要职责不断得到明确和强化。

一、中央政府负责学前教育事业发展规划与宏观管理

从世界范围来看，中央政府从国家高度对全国范围内的学前教育发展进行统筹规划、宏观调控和综合管理，这对学前教育事业健康、稳定发展起到了关键的引领作用。尤其是美国和巴西等联邦制国家虽然长期实行地方分权制的学

前教育管理体制,然而近年来随着国际社会对学前教育重视程度的不断加强,其中央政府在学前教育事业发展中的作用也日益得到明确和强化。美国在明确和强化中央政府负责学前教育事业发展规划与宏观管理方面有较为明确而全面的规定。例如,《2000年目标:美国教育法》中明确了未来美国教育目标之首是"保障所有儿童都接受学前教育",并依法设立了专门的全美学前教育发展领导小组,以对全国的学前教育改革与发展进行总体领导和全程监控;《不让一个儿童掉队法》在第一编就规定了美国联邦政府对 K-12 年级的公立学校教育实施宏观调控,提出确保高质量的绩效责任体系、教师培训与教育资源的竞争型分配,确保各州、地方教育机构与学校能够促进所有儿童的学业进步,以及满足弱势群体儿童的教育需求,将教育资源合理配置到最需要的地方教育机构中等多方面的职责要求。

巴西作为一个发展中的联邦制地方分权国家,其宪法中也对巴西联邦政府在学前教育规划及其与其他学段教育发展、政府其他方面工作规划协调发展等方面的职责做出了规定:政府应该依法制定包括学前教育在内的国家中长期教育计划,目的是促进各级教育发展与协作,并与联邦政府领导的相关行动规划整合,以达到普及学校教育,提高教育质量,促进国家人文与科技进步。

长期以来,由于有地方分权的传统,英国地方政府在教育方面拥有较大的自治权。1988年,《教育改革法》的颁布是英国的教育管理体制改革(包括学前教育在内)的转折点,大大增强了中央政府对学前教育的领导和管理权限(陈永明,2004)。自此,英国中央政府在对学前教育的规划、调控、监管、评价、协调等方面发挥了越来越大的作用,教育行政管理逐渐向中央集权的方向发展。1997年,英国工党执政后,把包括提高教育在内的公共服务的质量作为工作重点之一,中央政府随即开始通过扩大投入来推动改革。地方当局、健康服务部门和其他公共机构开始在全国框架下合理推动公共服务的改进。

二、中央政府在学前教育财政投入方面负有保底责任

中央政府作为全国最高行政机关,在保障公共服务供给方面理应负有财政投入的保底责任。综观世界各主要国家的做法,可以发现其在相应的法律法规或其修正案中均明确了中央政府对学前教育,尤其是针对弱势群体的"保底型"学前教育的财政投入责任。虽然此类规定涉及的中央财政投入总量、投入比例、

投入重点等方面有所不同,但均通过立法规范了中央政府在学前教育事业发展中的投入责任,从国家财政上有力保障了学前教育事业的健康、均衡发展。例如,英国、美国等中央财政对全国学前教育项目的投入逐年递增,并通过《拨款法》《基础教育法》《学前保教专门法》等加以强化,保障其预算单列。

具体而言,英国在2001—2007年的《拨款法》中均对中央学前教育专项拨款的预算单列金额做出了明确规定,还规定该项财政预算须逐年递增。以英国的"确保开端计划"为例,2001—2002年的《拨款法》中该项目预算金额为1.8亿英镑,此后逐年增长,到2007—2008年,这一项目的预算金额已经达到17.6亿英镑,增长了8.8倍。自20世纪80年代开始,美国就通过了《提前开始法》《入学准备法》《儿童保育与发展固定拨款法》等学前教育专门法案,明确规定对"提前开始"项目等美国学前教育项目的专项拨款。2005年,最新修订的《儿童保育法》规定联邦政府在该法案授权的儿童保育方面的拨款在2006年为23亿美元,此后每年增加2亿美元,2010年该项拨款额达到31亿美元。此外,《不让一个儿童掉队法》中规定的对学前教育的财政投入也相当可观,有效保障了美国学前教育的发展,特别是促进了美国弱势群体儿童受教育权利的实现。

此外,巴西、日本、印度等国家在其宪法、教育基本法等重要法律中也规定了中央财政在教育事业方面(包括学前教育在内)的投入比例。例如,巴西联邦政府规定每年应支出不少于18%的税收额度,用于维持和发展包括学前教育在内的公共教育事业。日本的《儿童福利法》规定,国库为进入国家设置的保育所等儿童福利设施者提供入所后所需的费用;机构补助包括保育所的设施及各种事务性经费,由国家负担1/2或1/3。印度在其《国家儿童计划》中也指出,在预算分配上要确保优先保障那些弱势儿童。此外,美国的"开端计划"、英国的"确保开端计划"、印度的"儿童全面发展服务计划"等针对弱势儿童的早期教育与发展项目均由中央政府投入,并通过相关法律法规使之制度化,体现出上述国家在学前教育财政投入方面的重心。此外,法国还规定政府为符合资质的幼儿学校教师支付工资;日本规定私立学前教育机构也可依法享有不同方式的政府经费补助等,有效保证和规范了私立学前教育机构的正常运转。

三、中央政府需要保障幼儿教师待遇及其专业发展

综观世界各主要国家的学前教育管理体制改革可以发现,中央政府在学前

教育事业发展方面所负的职责除了统筹规划、宏观管理与财政保障之外，还包括保障幼儿教师地位，稳定和壮大幼儿教师队伍。一些国家还将保障幼儿教师工资待遇，保障并促进幼儿教师培养、培训与专业发展，提高幼儿教师整体素质，作为中央政府的重要责任。当前，世界各国对幼儿教师的身份角色具有不同的定位，日本认定国立和公立学前教育机构的幼儿教师为国家或地方公务员；法国认定幼儿教师具有国家公务员身份，并规定幼儿教师享有与国家公务员同等待遇；英国和美国认为幼儿教师属于公务雇员，即具有雇佣关系和公务员身份的双重法律关系；印度以国家项目推进学前教育发展，其幼儿教师拥有项目工作者的身份。基于对幼儿教师身份和角色的定位不同，世界各国中央政府都不同程度地保障了幼儿教师待遇及其专业发展。

其中，法国的规定最有代表性，例如，法国《教育法典》明确规定，国家承担公立初等学校和幼儿学校教师的工资。尤其是在法国《国家与私立学校关系法》颁布后，包括私立幼儿学校在内的所有与国家签订合作合同的私立学校教师工资也统一由中央政府支付。此外，日本非常重视幼儿园教师的在职进修，并且拥有完善的在职进修制度。按照《地方公务员法》《教育公务员特例法》，在职进修不仅是幼儿园教师的权利，也是其应尽的义务。为此，日本政府不断完善各种幼儿园教师进修制度，使教师可以灵活选择脱产或不脱产的方式进修，并且进修渠道多样。例如，教师可以到大学深造，参加有课程认定的大学函授教育，参加文部科学大臣委托大学进行的学分认定测验，以及可以参加由幼儿教育研究组织举办的各种讲座、交流活动等。

美国在《开端计划法案》中也规定，联邦政府应该通过增加"开端计划"的联邦拨款来增加该项目对幼儿教师的生活补助，使幼儿教师获得更多的与其职责相关的培训和专业教育，以及用于"开端计划"机构为幼儿教师购买保险等。同时，美国还在《不让一个儿童掉队法》中规定，联邦政府应拨款给各州和地方教育机构，用于培养、培训和聘用高水平的幼儿教师，且拨款数额要不断增加。

四、中央政府需要保障学前教育保教质量并肩负督导职责

随着世界各国现代学制的建立和推行，作为学制第一阶段的学前教育保教质量日益受到重视，很多国家把规范并统一学前教育阶段的内容作为中央政府的主要职责之一，并以立法的形式确认。例如，英国在2006年的《儿童保育法》

中，对"早期奠基阶段"的国家课程进行了规定；法国在其《教育法典》中也将包括学前教育阶段在内的基础教育教学内容的规定权赋予了中央政府。此外，有的国家还明确将学前教育保教质量的督导职责通过立法确定为中央政府的重要职责之一。以法国和英国为例，法国在《教育指导法》和相关的法律法规中均明确规定了中央政府的学前教育督导责任，尤其是对国家督导机构组成、督导队伍构成、督导形式、督导内容以及督导责任等做出了全面、系统的规定。此外，法国的《1989年7月14日法令》（1989年）第25条也指出，国民教育总督导、国民教育行政管理与科研总督导同相关行政部门一起对省学区、大区和国家的教育研究行政管理进行评估，评估结果要提交议会负责文化事务的委员会主席和报告人。评估内容包括新的教育经验，从而使革新性教学实践得以推广。国民教育总督导、国民教育行政管理与科研总总督导制定年度报告并将其公之于众。

英国在《2005年教育法》中明确规定，英国女王以女王令的形式任命英格兰学校女王总督学和督学。其中，总督学的职责是定期督察英格兰包括公立幼儿学校在内的所有学校，并且提交书面的督察报告。报告的内容主要包括幼儿学校是否达到了教育的标准，其教育质量如何，幼儿学校的教育可以在多大程度上满足儿童的需求，在园幼儿的身心健康发展情况如何，以及托儿所领导与管理的质量如何等方面。此外，英国在中央层面还设立了一个重要的部门，即教育标准局，它是一个独立行使督导职能的非行政政府部门，直接对国会负责。该部门成立于1992年，其前身是皇家督学，主要负责师资教育、中小学教育、幼儿教育和地方当局的督导工作，并对负责教育的国务大臣提出建议（江芳盛，钟宜兴，2006）。为了更好地提升学前教育质量，教育标准局在原有注册框架的基础上，引入了早期基础阶段注册，从儿童发展的实际出发，整合了保育和教育督导。在督导方面，教育标准局重视提升托幼机构的自我改进、合作、领导和管理能力，特别是对托幼机构的自我评价能力给予高度重视，将其视为提升教育质量的内部动力。教育标准局督导的目的是，"对处于早期基础阶段的0～5岁儿童早期服务的有效性提供一种独立的外部评价，并帮助托幼机构提高其服务质量。同时，将督导结果提供给家长和其他公众以供参考。皇家首席督学每年会基于上一年度所有的管理和督导活动，向国会递交有关儿童早期教育和保育质量的标准报告"[①]。作为独立的第三方，教育标准局对学前教育机构进行管

---

① OFSTED. Using the Early Years Evaluation Schedule [EB/OL]. http://www.ofsted.gov.uk [2010-04-10].

理和督导，在提高督导透明度的同时，保证了标准的统一。英国整合保育和教育，将自评和他评相结合等一系列新的督导举措，有效地促进了学前教育质量的全面提升。

五、中央政府在维护公平、扶助弱势方面负有责任

学前教育是人生发展的奠基性教育，对于促进个体在早期的全面健康发展，全面提升国民素质，促进教育和社会公平，都具有重要的意义和价值。世界各主要国家的经验表明，科学的学前教育可以有效改善弱势儿童的教育和发展环境，帮助其提高学业完成率、就业率和成婚率，减少特殊教育的需求，降低犯罪率，因此学前教育是一种重要的社会干预手段。此外，保障教育的起点公平，还可以打破贫困的代际循环链条，促进社会公平和正义，对国家的政治、经济和社会发展均具有长期、重大影响。鉴于此，近年来，无论是美国、英国、法国等发达国家，还是巴西、墨西哥、印度等发展中人口大国，都把发展和普及学前教育作为国家教育投资和未来人力资源开发的重点，积极实施面向全体、关注弱势的国家学前教育行动。

具体而言，美国的《提前开始法》《不让一个儿童掉队法》，法国的《教育法典》，巴西的《教育指导方针和基本法》，以及印度的《宪法》《国家教育政策》《国家儿童政策》等均对农村、山区、城市经济困难家庭、学习障碍、残疾、少数民族与族群等处境不利的弱势儿童获得平等的学前教育权利做出了明确规定，并通过立法对中央财政在此方面的重点倾斜做出规定。例如，美国在《不让一个儿童掉队法》第1001条明确规定，国家要"满足弱势儿童群体多种的教育需求"，并明确规定了联邦政府在学前教育方面的重要职责包括"确保高质量的绩效责任体系、学术评价标准、教师培训与教育资源的竞争型分配；满足弱势群体儿童的教育需求；缩小成绩优异与成绩欠佳学生、少数民族与非少数民族学生之间的学业成绩差距；确保各州、地方教育机构与学校能够促进所有儿童的学业进步；把教育资源合理配置到最需要的地方教育机构和学校当中"等（霍力岩等，2013）。总体来看，美国联邦政府的学前教育职责主要在于提出学前教育与保育的一般性政策和目标，协助各州政府根据区域和地方的需要落实保教政策。联邦政府学前教育政策法案和预算支出的重点在于满足特定人群，尤其是低收入家庭和有特殊需要儿童的需求，使全国儿童都能接受到高质量的学前教育，促进美国社会的公平发展。

法国在《教育法典》中规定：优先扩大处境不利的城市、农村或山区幼儿学校对于 2 岁儿童的接收范围。巴西在《教育指导方针和基础法》第 3 章规定，国家要给予有特殊教育需要的受教育者免费的专门教育，特别是在普通教育范围内。印度的《国家儿童行动计划》明确提出，应为最弱势的、最贫穷的和获得最少服务的儿童提供最大程度的帮助。日本政府也通过各种补助金制度和地方交付税制度，试图克服由于地方财政收入的差异以及地方和国家间财政差别导致的不平等。例如，日本政府运用地方交税制度，把每年地方按规定上交的各种税收的一部分按照地方财政收入的实际情况还付给不包括经济发达地区在内的其他地方，并要求地方政府将这部分资金用于教育投入。正是因为确立了政府主导的学前教育发展与普及模式，尤其是充分强调了中央政府在学前教育事业发展中的统筹规划与宏观调控责任，并为学前教育事业发展提供了高位、坚实的保障，才能够为每一个有特殊需要的儿童提供基本的学前教育公共服务，从而实现学前教育公平和有质量地发展。

第四节　明晰地方政府基本职责，各层级政府权责配置日趋合理

在学前教育管理体制改革的过程中，世界各主要国家除明确并强化了中央政府在发展学前教育中的重要职责以外，也逐渐明晰了地方政府在发展学前教育事业中的基本职责，各层级政府的学前教育权责配置日趋合理。这样一方面有力地保障了中央政府学前教育改革发展战略与总体规划的执行和落实，另一方面也促进了地方政府在学前教育事业发展中的自主性、积极性与灵活性的发挥，有效推进了从中央到地方各级政府学前教育职责体系的不断完善。

一、总括性规定了地方政府发展学前教育的基本职责

地方政府在学前教育事业发展中承担着具体管理的职责，包括制定地方性学前教育事业发展规划与政策，保障并加强学前教育财政投入，加强教师队伍建设，对学前教育事业发展进行督导和评估等。可以说，地方政府是中央政府学前教育发展规划与法律法规、学前教育政策的具体执行者和主要责任人。当

前，世界许多国家均在其相关法律法规中明确了地方政府在发展学前教育事业方面的职责，并对其基本职责做出了总括性的规定。例如，英国 2006 年的《儿童保育法》第 7 条明确规定：地方当局必须根据各辖区有关 0～5 岁儿童法规的规定，确保学龄前儿童接受免费学前教育，由此确立了地方政府向所有学龄前儿童提供免费教育的责任并使之制度化。同样是 2006 年英国公布的地方政府白皮书中指出，为了进一步提高公共服务质量，需要给予地方当局更多的自由和权力，以满足地方社区和公民的需要，并促使公民和社区发挥应有的作用。由此，地方当局被重新赋予战略性领导者的角色，在为儿童提供整合的、负责任的和有效的学前教育服务中处于更加核心的地位。

巴西的《宪法第 14 号修正案》则以国家根本大法的形式明确了各州和联邦政府、各市政府优先发展学前教育的职责，即各市政府要实行初等教育和学前教育优先发展的政策，各州和联邦政府要保证包括学前教育在内的基础教育和中等教育优先发展。法国多部法律法规均对地方政府发展学前教育的职责做出了明确规定。例如，早在 1833 年的《基佐法》中，即规定每个市镇可以单独或者是与邻近的一个或多个市镇联合，至少应维持一所初等教育学校的运转，包括为适龄儿童提供学前教育的幼儿学校。此外，法国在 1983 年和 1985 年颁布实施的几部法律也进一步明确了市镇在发展学前教育中的各项职责。例如，法国的《1983 年法》规定，小学和幼儿学校主要由市镇政府投资与管理；《83-663 号法令》规定，市镇议会在议员的建议下决定小学和幼儿学校的建立；《85-348 号法令》则进一步规定了市镇政府在其小学和幼儿学校的管理、建设、重建、扩建、大规模修缮、装备和运行等方面的职责。日本的《教育基本法》也规定，各地方政府须努力创造良好的环境并采取合适措施，促进学前教育发展。此外，德国的《儿童和青少年救助法》、日本的《教育基本法》、英国的《1998 年学校标准与框架法》和《2002 年教育法》等也均有相应规定，分别为上述国家地方政府依法明确其在学前教育事业发展中的责任并充分履行职责提供了必不可少的基本法律依据与制度保障。

二、多方面明确规定了地方政府在发展学前教育方面的具体职责

在明确地方政府的基本责任与职能定位的基础上，世界各主要国家还进一

步从多个方面明确规定了地方政府发展学前教育的具体职责。

首先,地方政府一项非常重要的职责即结合国家教育指令和规划,制定和实施本级政府辖区的学前教育政策与规划,发挥好上传下达的作用。对此,一些国家相关法律中都有非常明确的规定。例如,巴西的《教育指导方针和基本法》即规定,各州政府在发展包括学前教育在内的各级各类教育中的职责主要有结合国家教育指令和规划制定和实施各州教育政策和计划,下达针对教育系统的补充性规定。日本的《教育基本法》亦明确规定,地方公共团体须努力参照法律所规定的计划,结合本地区的实情来制订地方公共团体关于教育振兴的基本计划。

其次,法国、日本等国家明确规定,地方政府承担学前教育机构的创建与经费投入责任。例如,法国的《教育法典》第212条规定:"公共教育的初级学校和幼儿学校的创建与设置是乡镇的强制性支出。"日本的《儿童福利法》则对都道府县地方政府补助保育所经费的职责及具体比例做出了明确规定,地方政府对学前教育的补助分为"机构补助"与"幼儿津贴"两部分。"机构补助"主要指保育所、幼儿园的设备与各项事务经费,都道府县政府分别负担其1/3或1/4。

再次,德国、巴西、日本等国家还在法律中明确规定了地方政府在学前教育机构的布局规划、选址、建设与日常维护等方面的职责。例如,德国的《儿童和青少年救助法》规定,德国各州政府应负责参与学前教育机构的建设及其服务内容的扩充。巴西的《教育基本法》、日本的《儿童福利法》则分别明确规定,组织、维护和发展其教育系统内的官方机构和组织,调配学前教育机构布局;设立相关审议会及其合议机构以保障儿童福利,以及确保教育专业人员的培养;等等。

最后,地方政府需要协调各方力量,推动项目高质量地进行。以美国为例,美国是典型的地方分权制国家,其各州教育的领导和管理权主要掌握在州政府手里,州政府负责协调和管理不同的项目和服务,从而为儿童提供适宜的支持。就"入学准备"事务而言,州政府发挥着关键作用,负责整合各方力量来共同促进儿童为入学做准备,发挥了领导和协调的作用。一方面,州政府负责制定入学准备的远景规划和战略计划。"入学准备"是一个涉及多部门、多机构、多项目和多服务类型的复杂问题,只有有规划、有计划地行事,才能合理调动各方力量,建立起一个综合、协作的全州入学准备系统。另一方面,州政府需要充分调动家庭、早期服务机构、学校及社区的积极性,并给予其有力的支持,以便使这些组织机构的作用得到最大程度的发挥,进而给予儿童最重要、最直接的支持。此外,州政府还必须确保各机构之间及州和地方之间的绩效责任明确,制定关键指标来衡量工作的进展情况,并向公众报告成果,这样不但能起到监督作用,还能跟踪工作进展,使下一步的决策更加明智。

总之,地方政府学前教育职责的具体化与明晰,是保证国家总体学前教育发展目标实现的必要手段,明确地方政府发展学前教育的具体职责,也是诸多国家学前教育管理体制改革的重要内容与特点之一。

三、明确规定并增强了地方政府发展学前教育的自主性

世界各主要国家的学前教育的行政管理职责主要在地方政府。因此,各国在明确地方政府发展学前教育职责的基础上,也赋予了地方政府发展学前教育相应的行政权力,从而增强了地方政府发展学前教育的自主性与积极性,这也是世界各主要国家学前教育管理体制改革的主要内容。

首先,以美国、德国和巴西为代表的实行联邦制的地方分权型国家,其联邦和各州有权根据自身情况行使学前教育地方立法权以及学前教育政策与计划的制定与实施权。例如,德国的《儿童和青少年救助法》明确规定,德国联邦政府和各州可以根据自身情况对包括学前教育在内的儿童和青少年救助事业进行补充立法。美国的《宪法修正案》规定,教育的主体在州,因此发展学前教育也属于州的事务,各州都可以在本州范围内进行学前教育立法,学前教育机构的设施标准也由各州自行规定。巴西在其《教育指导方针和教育基本法》中也赋予巴西各州和市政府制定和实施本州、本市包括学前教育阶段在内的教育政策与计划,以及下达有关教育补充规定的权力。

其次,世界绝大多数国家的地方政府还拥有对学前教育机构的审批与监管权。例如,日本的《学校教育法》《学校教育法施行规则》等多部法律法规都对学前教育机构的申报与批准制度做出了明确规定。巴西的《教育指导方针和基本法》第四章第 12 条也明确规定,包括学前教育机构在内的学校的设立也必须经过市政府的批准、委托和监督。德国的《儿童和青少年救助法》第 45 条则明确规定,在学前教育机构的开设条件方面,地方政府相关部门负责对学前教育机构的申报进行审核。学前教育机构的承办者"需要获得学前教育机构的运营

许可",如果学前教育机构"无法保证由合适的人员对儿童或青少年进行看护",或"无法确保儿童在学前教育机构中的健康和舒适",或无法"通过帮助促进儿童的社会和语言融合",或无法保证对儿童的"健康和医药照顾",则不能为这个学前教育机构颁发许可证。

最后,为了充分调动州政府发展学前教育的积极性,美国联邦政府还引入了竞争机制,通过项目引导和财政支持引导各州大力发展学前教育,在其《不让一个儿童掉队法》《提前开始法》《2000年目标:美国教育法》《儿童保育与发展固定拨款法》《早期学习机会法》中,都有关于"州与地方政府如何申请获得联邦政府拨款用于开展学前教育项目"的详细规定。通过竞争机制,既实现了联邦政府的宏观调控,保证了其拨款的使用目标、投入方向与使用效率,也充分调动了各州和地方政府争取资金大力发展学前教育的积极性。

综上可见,在中央政府承担越来越多的学前教育领导与管理职能的同时,各国地方政府在儿童教育和保育中的管理地位和责任并未被削弱,而是得到了进一步的加强和明确,各级地方政府仍然承担着非常重要的学前教育管理责任。这种对地方政府管理职责的明确,不仅有利于地方政府更好地在中央政府的指导、监督之下履行职责,而且有助于增强地方政府的积极性和管理的灵活性,可以更好地促进不同地区学前教育事业的健康发展。

第五节 理顺学前教育主管及相关部门职责,完善跨部门协作机制

学前教育是一项重要的社会公共事业,涉及经济、文化、卫生、福利等诸多领域,加之学前儿童身心发展的特殊性以及学前教育机构的特殊性,因此,学前教育事业的发展必然要依靠教育、财政、人事、卫生、规划建设、民政、劳动保障等相关部门的明确分工与协调合作。为保障学前教育主管部门与各相关部门在学前教育发展中切实履行相关职责并通力协作,世界许多国家均重视理顺学前教育主管部门及相关部门的职责,建立部门之间的有效信息沟通模式,并不断完善部门协作机制。

一、理顺学前教育主管部门与政府其他相关部门职责

由于学前教育事业发展涉及诸多领域,其行政管理也必然涉及多个部门。因此,理顺并明确教育主管部门内部的关系,以及教育主管部门与政府其他相关职能部门的职责,是规范并促进跨部门协作的重要基础和前提。教育部门、福利部门、卫生和健康部门以及财政部门是诸多学前教育主管或相关部门中最为重要的部门,目前世界许多国家均在其学前教育及相关法律法规中明确了学前教育主管部门以及重要相关部门的职责。总体来看,世界许多国家强调教育部门在本国学前教育事业发展中承担主管或主要职能,财政部门则负责通过预算单列、专项经费等形式为学前教育事业发展提供充足的财政支持。

例如,英国的中央教育行政权属于国会和内阁,英国政府先后通过出台多部法律及政策文本,对各部门在共同促进学前教育事业发展中的职责进行了规定。1997年,新工党政府执政之初,首先将儿童保育机构的管理职责从福利部门转移到当时的教育与就业部,从而将儿童保育和早期教育的行政管理职责由两个部门统一于教育部门,并设立两个下属部门分别管理儿童保育和早期教育事务,随后这两个部门合并为儿童早期教育和保育办公室(Early Years and Childcare Unit)。2002年底,儿童早期教育和保育办公室与"确保开端计划"合并,由"确保开端办公室"(Sure Start Unit)统一负责儿童早期教育、保育以及"确保开端计划"的相关事宜。英国的《2006年儿童保育法》第4条规定,发展学前教育事业的相关部门包括教育部门、健康与卫生部门、基础保育部门、劳动与培训部门等。其中,教育部门的职责主要是提高教育标准,促进所有的儿童和青少年发挥其潜能,并实现对儿童教育综合服务的有力领导,以应对家庭、人口、经济社会的变化,从而提高英国在全球的竞争力。[1] 2010年,英国保守党和自由党联合组阁后,在中央层面整合了儿童保育和教育的相关事务,将学前教育的行政职责统一于教育部门,形成了一个聚焦儿童发展的决策机构,其他相关职能部门依然发挥各自的作用。

美国的《2000年目标:美国教育法》《提前开始法》《不让一个儿童掉队法》等多部学前教育法律中都对美国教育部(United States Department of Education,ED)、健康与人类服务部(United States Department of Health and Human Services,HHS)在发展学前教育与保育等方面的重要职能与职责划分做出明确规定。例

---

[1] 英国议会. Childcare Act 2006(2006,第4条)[EB/OL]. http://www.opsi.gov.uk/acts.htm [2010-04-10].

如，美国教育部主要负责制定和提供联邦一级的教育政策和经费，通过设立项目和财政拨款的方式来推动和引导地方教育发展。除教育部外，同属联邦政府的健康与人类服务部、农业部、国防部、劳工部以及国家科学基金会等部门和委员会也都负有相应的教育行政职责。以健康与人类服务部为例，该部门是美国政府对国民健康实施保护并提供必要的人类服务的主要机构，特别是为那些没有能力实现自助的群体提供服务，全美最大的联邦学前教育项目之一——"提前开端计划"，就主要是由健康与人类服务部负责的。

长期以来，美国教育实行分权制，尽管联邦政府设有教育部，但并不直接管理地方学前教育，其职责是通过设立项目和财政拨款的方式来推动和引导地方学前教育的发展，对学前教育的直接管理原则上属于州和地方政府的责任。美国的教育分权在一定程度上使美国学前教育形成了既庞大又高度分权的复杂系统。在大系统中，每个子系统都有自己独立的目标与经费开支，以及独立的运行机制，彼此之间缺乏必要的协调机制，致使每个子系统职能单一且缺乏必要的分化与合作，在推进学前教育改革政策时，经常由于各州的结构和文化差异而出现障碍，达不到预期的效果。

为了更好地推进联邦政府各机构之间的合作，奥巴马政府还仿效伊利诺伊州的早期学习委员会，特别设立了总统直接领导的专门机构——总统早期学习委员会（Presidential Early Learning Council），鼓励联邦和州层面在各个项目上进行必要对话。总统早期学习委员会由奥巴马直接领导，其成员包括各州州长及主要领导、公司领导、社区和宗教团体领导、相关领域研究专家等，其主要职责包括：第一，提高全社会尤其是政府官员对学前教育的重要意义与价值的认识。为切实履行这一职责，该委员会要及时收集并传播学前教育方面最可靠、最新的研究成果。奥巴马认为，以此为必要前提，学前教育才能被真正重视，学前教育的改革才能顺利进行。第二，引导全美学前教育发展方向，规划联邦政府学前教育项目及各州学前教育的发展重点。总统早期学习委员会成员需要解决如下问题：如何确保各州根据自身的情况提高0～5岁儿童早期保育与教育项目的质量，尤其是如何为所有3～4岁儿童提供高质量、普及的学前教育；如何为所有处境不利的3岁以下儿童提供参与高质量学前教育项目的机会。第三，促进并加强联邦政府与州政府之间的协调合作，同时强化联邦政府在各州学前教育发展中的作用。奥巴马认为，在分权制的美国发展学前教育仅靠联邦政府或州政府都是行不通的，必须既坚持联邦政府对学前教育的领导和统筹，又要调动州政府的积极性，获得它们的支持，这样既可以减轻州政府的压力，也可以强化联邦政府的引导与干预。第四，为规划政府财政投入和吸引社会投入提供有效对策，该委员会既需要对政府财政投入的重点和如何保证效果提供对策建议，还需要对如何在政府与私人、非营利部门之间展开对话，鼓励其对州及全国的幼儿保育和教育事业投入提出建议。第五，加强对国家、州或地方项目的评估与推广。该委员会需要对国家、州或地方的早期保育与教育项目的质量与推进状况等进行监测与评估，同时要收集州及地方较好或非常成功的教育实践及项目模式，力争在全美范围内推广（孙美红，张芬，2010）。总统早期学习委员会是美国有史以来最高级别的学前教育领导机构，其将学前教育直接置于总统的领导和管理范围之内，体现了奥巴马政府对学前教育事业前所未有的重视，一方面可以强化政府对学前教育重要性的认识，另一方面也能保证联邦政府与州政府之间的协调合作，同时还能强化联邦政府对学前教育事业发展的领导职责，从而有效地解决美国教育分权带来的问题，进而推动美国学前教育事业的整体发展。

在理顺政府学前教育主管部门和相关职能部门之间权责关系的基础上，明确、合理地划分教育主管部门内部各个职能部门之间的分工，并通过法律规范将其制度化，对于有效促进学前教育发展，改革和完善学前教育行政管理体制，也具有重要的意义。在这方面，法国、美国、英国、巴西等国家均有不同程度的规定。例如，法国曾多次颁布法令和政令，明确了各级教育主管部门及其人员对于包括学前教育在内的教育管理的各项职责。在法国第2002-959号政令中就明确规定，教育部的职责包括制定并实施儿童入学准备以及与在校学生相关的所有政策，保障全体公民接受包括学前教育在内的教育。此外，有关政令还对法国教育部内设的学校教育司、教师管理司、财务司等部门的学前教育职责做出了明确规定。

二、建立和完善学前教育行政管理的跨部门协作机制

在政府治理模式转型的大背景下，建立和完善学前教育行政管理的跨部门协作机制，是当前世界各主要国家学前教育行政管理体制改革的一个重要特点。在明晰各部门及教育部门内部学前教育职责分工的基础上，许多国家还明确和完善了部门间的协调合作机制。美国、英国、法国、日本、巴西等国家在跨部

门协作机制方面均有相关的具体规定，并均以法律法规的形式将其制度化和规范化，有效保证了政府各相关职能部门在学前教育事业发展中的统一领导、分工明确与协调合作。

例如，英国政府近年来就先后出台了《儿童法》《儿童保育法》等多部法律法规，并从不同的角度规定了政府相关职能部门在促进学前教育发展中的具体职责，明确将学校和家庭作为统筹管理包括学前教育阶段在内的青少年、儿童及其家庭的事务的部门。其通过把教育部门作为首要责任部门，以及促使教育、健康、卫生、安全与家庭福利等部门"跨部门联动"的方式，促进学前教育的保教融合和儿童的全面发展。英国的《儿童保育法》也规定，教育、卫生、基础保育、劳动与培训等各个相关部门均必须与地方当局及其他合作者共事，并召开相关的联席与协调会议，做出具体工作部署。

此外，巴西的《宪法第 14 号修正案》中也明确规定，在发展学前教育事业过程中，要实行并加强相关政府部门的合作。巴西的《2000 年国家教育计划》还专门就学前教育领域的政府部门协作做出明确规定，要使教育部和其他相关部门的技术、管理、财政等方面的资源实现整合；确保财政部、社会福利部和卫生部门的资源用于与教育、学前教育事业发展相关的项目中。上述法律和政策规定为这些国家明确学前教育主管部门及其相关部门的具体职责，依法规范并促进学前教育相关部门有效协作，提供了重要依据与法律基础，也为各级政府和相关部门履行其在学前教育事业发展中的规划与政策制定、财政投入、教师队伍建设、督导评估等方面的职责奠定了坚实基础。

美国的儿童保育、小学和幼儿园教育相互结合，在全国范围内与上百乃至上千家机构的家庭援助服务相联系。例如，美国的家庭具有"一站购齐"的理念，以便创造一个社区学习中心，在这里所有家庭都积极投入学习之中。其资金来源多样：①根据儿童父母的收入，向他们收取一定费用；②低收入家庭由州社会福利部门的地方办公室提供补贴；③学前教育普及计划是由州教育部门主管的一个国家项目——为 3 岁和 4 岁幼儿提供半日计划活动，所有费用由公共资金支持，父母不需要为这个计划支付任何费用；④州健康部门提供资金为公共健康的外聘工作人员发放薪资，此工作人员为所有的孩子提供正规的健康防护措施，应对紧急事件，也为父母提供关于健康问题的咨询服务；⑤由于许多父母和附近的一些人没有工作，社区学习中心还开展了一项职业准备计划，由州劳动部门提供资金，主要目的在于帮助那些正在接受社会援助的母亲为进入劳动市场做准备，以帮助她们找到工作、维持工作或寻找一份更好的工作；⑥"联合之路"是一个由个人捐赠建立的私人慈善组织，它为社区学习中心培训家庭幼儿保育者和教育者提供资金，为在家中照看孩子的妇女提供40小时培训（小册子包括公司实践、地方规程、健康、安全、营养、幼儿发展、适龄活动、学习环境、指导和纪律、父母和保育者的关系、社区资源、差异问题、专业发展，以及个人和家庭发展）（蒙·科克伦，2011）。

第五章
我国学前教育管理体制改革的地方探索及其启示

在分析学前教育管理体制改革进程,深入探讨当前我国学前教育管理体制改革存在的主要问题与影响因素的基础上,国际比较研究从全球视野为当前我国的学前教育管理体制改革提供了诸多启示和借鉴。然而,只有在实践中被证明适宜的改革才是真正的切实可行的、成功的改革,因此要真正了解和理解我国的学前教育管理体制改革,还必须深入实践,调查研究我国学前教育管理体制改革的地方探索,并从中发现可推广的全国性、全局性经验。

基于当前我国学前教育管理体制地方改革探索的实际,本章以行政区划、学前教育管理体制改革模式和社会经济发展水平为依据,分别选取了 H 省、S 省 W 市和 B 市 M 县作为研究个案,对其学前教育管理体制改革的背景、改革逻辑与主要举措、成效与问题等进行深入研究,以期通过"解剖麻雀式"的分析,为探寻我国学前教育管理体制改革的基本方向与改革路径提供符合当前我国国情的、切实可行的启示和建议。

第一节 H 省学前教育管理体制改革探索

H 省地处华北平原北部,从省域内范围来看,H 省的发展情况如同我国的一个缩影:主要以农村地区为主,经济发展不平衡,且兼具东、中、西部特征。从地域范围和社会经济发展水平来看,H 省地处北京以南的地区具有典型的中部特征；地处北京以北的一些地区经济社会发展水平与西部接近；其他一些地区的经济社会发展水平则与东部更为接近。因此，本节把 H 省学前教育事业发展与管理体制改革作为省级个案，可以以小见大，为全国学前教育管理体制改革的分阶段、分区域推进提供启示和借鉴。

通过访谈、座谈、观察等基本方法，本次研究对 H 省进行了实地调研，主要从其学前教育管理体制改革的背景、主要举措、存在的主要问题，以及下一步的改革探索等方面进行了深入剖析。

一、H 省学前教育管理体制改革的背景

基于系统论的观点，不同地区的学前教育发展及管理体制改革与其经济社会发展、政府职能定位密切相关。探讨 H 省的经济社会发展状况和政府职能定位，对于全面掌握 H 省学前教育事业发展背景，深入分析其学前教育管理体制改革动因，具有重要的意义与价值。

（一）经济发展势头良好，为学前教育事业发展奠定了基础

H 省下辖十多个设区市，170 多个县（市、区），总人口 7000 多万人。从地理位置上来看，H 省属于东部地区，全省土地面积 18.7 万平方千米，海岸线长度和海域面积均排在全国第 9 位，目前的国家战略将其定位为东部沿海省份。但是，H 省沿海经济开放区占全省市县总数和省域面积的比例不到 1/10，人口比例不到 1/9，从经济实力、产业结构、居民收入和生活水平等方面综合分析，H 省均与东部沿海省份有较大的差别，其中部地区的特征更为明显。2001 年底，H 省反映经济实力和富裕程度的各种指标特别是人均国内生产总值和城乡居民人均收入都位居全国 10 位之后。

2005 年，H 省开始直面"环京津贫困带"的问题，提出了加快本省经济发展的八大措施，大力建设"京津冀都市圈"，有望成为继长江三角洲和珠江三角洲之后正在崛起的中国经济增长第三极。据统计，2009 年，H 省 GDP 总量达 17 026.6 亿人民币，在我国省级行政区中位列第 6 名，比上年增长 10%。2013 年，H 省全省生产总值达 28 300 亿元，增长 8.5% 左右，GDP 居全国第 6 名。经济发展的良好态势为 H 省大力推进学前教育事业发展奠定了坚实的物质基础。

（二）政府职能定位明确，为学前教育事业发展提供了保障

在社会经济发展的同时，H 省政府一直重视民生，保障学前教育的公益性。

自中华人民共和国成立以来，H 省就形成了以教育部门办园和农村集体办园为主的办园体制。进入"十五"以后，全国不少地方出现了学前教育改制风潮，学前教育市场化、民营化、产业化的倾向明显。2003 年，《国务院办公厅转发教育部等部门（单位）关于幼儿教育改革与发展指导意见的通知》发布，明确提出"以社会力量兴办幼儿园为主体"，在国家政策层面对幼儿园改制进行了肯定。面对国家政策的调整和有些地区一浪高过一浪的公办幼儿园改制风潮，H 省教育厅在省委、省政府的支持下立足本省省情，继续坚持走"以公办为主，民办为辅，公办民办相结合"的学前教育发展之路，在一定程度上保障了学前教育的公益性。

2010 年，国家连续出台政策文件，并召开全国学前教育电视电话会议，提出要明确学前教育的公益性和普惠性，建立"覆盖城乡、布局合理"的学前教育公共服务体系。2013 年，党的十八届三中全会指出，"必须切实转变政府职能，深化行政体制改革，创新行政管理方式，增强政府公信力和执行力，建设法治政府和服务型政府"。基于此，H 省立足学前教育的公益性和普惠性，继续推行"以政府和集体办园为主、以公办教师为主、以政府和集体投入为主"的"三为主"学前教育发展模式，加快了政府职能转变和学前教育管理体制改革的步伐。

二、H 省学前教育管理体制改革的主要举措

H 省充分立足本省省情，多年来始终坚持"三为主"的学前教育发展模式，积极制定规划、出台政策、规范管理、加强督导，在推进学前教育普及的过程中探索并实践了一系列学前教育管理体制改革措施。

（一）政府主导，规划统筹学前教育事业发展

H 省在经济不算发达、财政投入不算充足的情况下，通过落实各级政府对学前教育的责任，充分调动了各方面的积极性，努力构建起"三为主"的学前教育发展模式，其最主要的秘诀就在于各级政府充分发挥了主导作用。

在明确学前教育公益性的基础上，H 省提出了本省农村学前教育"改革、调整、规范、发展"的总体工作思路，把普及学前三年教育列为全省基础教育事业发展的重要目标。在推进学前三年教育普及的过程中，H 省注重政府的规划和引导作用，先后制定了《H 省学前教育五年发展规划》《H 省基本普及学前三年教育县（市、区）标准（试行）》，明确了"三段、两基、五独立"的规范

化的幼儿园标准。所谓"三段",即三个年龄段(办有大班、中班、小班);"两基",即有基本办园条件、有基本的卫生保健设施;"五独立",即法人独立、园舍独立、人员独立、财务独立、管理独立。H省在实际执行规范化幼儿园标准的过程中发现,强调"五独立"的结果在一定程度上限制了农村幼儿教育资源与义务教育资源的共享,影响了学前教育事业发展。特别是各地在核定幼儿教师编制过程中发现,按照国家有关规定小学附属幼儿班教师可以纳入编制,而独立幼儿园教师却被排除在外。因此,2004年以后,H省开始在全省推广"以公办小学附属幼儿园为基本形式的公办幼儿园为主体"经验,不再强调幼儿园与小学分离,而是通过小学附属的"幼儿班"来实现学前教育与义务教育的资源共享。这种小学附属的"幼儿班"已经不再是原来的学前班,而是按照规范化幼儿园要求建设的包括大班、中班、小班在内的"幼儿班",其虽然隶属于小学管理,却按照幼儿教育规律进行组织,有效解决了"幼儿园小学化"问题。

此外,H省还强调从农村的特点和优势出发,创办有农村特色的高质量学前教育,注意解决农村幼儿园一切照搬城市幼儿园做法的"城市化"倾向。在农村幼儿园基本设施建设上,H省突出强调"实用、够用、耐用"和"安全、卫生"等要求,制定了农村标准化幼儿园(班)基本标准。2009年9月30日,H省教育厅又下发了《关于印发〈H省城市幼儿园分类评定标准(试行)〉和〈H省农村幼儿园分类评定标准(试行)〉的通知》,通过这两个标准进一步引导和推动全省幼儿园的规范发展。

(二)建立了从"三级两线"到"幼小一体化"的管理体制

在强力推进普及学前三年教育的过程中,H省不断强化政府主导责任,逐渐建立了从"三级两线"到"幼小一体化"的管理体制。首先,在省级层面,H省依据本省学前教育事业发展的实际情况,先后出台了学前班、幼儿园管理办法,幼儿园分类评定标准、分类评定验收标准及收费原则,幼儿园、学前班登记备案制度,幼儿教师队伍管理意见,普及学前三年教育县(市)标准等一系列关于学前教育管理的政策文件,对于加强全省农村学前教育工作的规范化、科学化管理,逐步实现依法治教,发挥了重要作用。其次,在注重全省统筹协调、督导评估的基础上,H省要求县(市、区)人民政府把学前教育纳入当地经济社会发展的总体规划,加强对学前教育事业的领导和统筹,建立和完善了由相关部门参加的学前教育工作议事制度,切实强化并落实政府主导职责,以保证农村普及学前三年教育工作的顺利开展。

  2001年，H省农村规范化幼儿园建设工作会议召开，在会议上推广、介绍了涿州市建立的"县政府—乡政府—村委会""教育局—中心校—幼儿园"这一"三级两线"目标管理责任制。幼儿园在管理体制上实行"乡办乡管"或"村办乡管"，市教育局、乡镇总校都配有专职干部负责幼儿教育工作，市教育局普教科派专人分管全市的幼儿教育工作，各乡镇总校配备幼教辅导员并与乡镇中心小学校长享受同等待遇；各乡镇中心幼儿园园长由市教育局考察合格后任命，享受乡镇中心小学校长待遇，同时也是乡镇总校领导班子成员，统管全乡镇的幼儿教育工作，直接向总校校长负责（韩清林，2007）。这个时期学前教育的特点主要是在倡导幼儿园独立办园的同时，强调建立独立的幼儿教育管理体制，即形成"县直幼儿园—乡镇中心幼儿园—农村幼儿园"的独立管理体系。但是，后来的实践证明，建立这样的管理体系虽然可以有效地进行业务指导、教研和培训，但幼儿园作为教育机构并不具有行政管理权，实行这样的管理体制只会弱化幼儿教育行政管理，妨碍幼儿教育发展。因此，从2004年开始，H省又开始推广邢台沙河市的经验。沙河市实行"市统筹、县谋划、乡协调、村落实"的建园机制，坚持以"村为主，园班结合，校园一体"的原则改扩建、新建幼儿园，幼儿园附属于小学，整体发展幼儿教育和小学教育，在行政管理上也实行"幼小一体化"的模式；在人员配备上，一般在县教育局设一名幼教专干，乡镇中心校设一名副校长，统一管理辖区内的小学和幼儿园。

  在创新中，H省各地又创造性地提出两种"幼小一体化"模式。第一种是在小学附设幼儿班，对规范化的幼儿园与小学进行一体化管理，不过这种新型的小学附设幼儿班已经不再是传统意义上的学前班，而是按照规范化幼儿园建设的要求，包括大班、中班、小班不同年龄段儿童在内的幼儿班。幼儿班虽然隶属于小学管理，但自身相对独立，遵循幼儿身心发展的特殊规律，把活动和游戏作为基本的教育形式。这种幼儿班对内称规范化幼儿园，对外则称小学附设的幼儿班。第二种"幼小一体化"管理模式是将偏远农村小学教学点的一、二年级和学前三年的幼儿班结合，建立起五年一贯制的幼小一体化办学模式，并实行彼此衔接的一体化管理。这样做的好处是将农村幼儿教育纳入了农村义务教育管理的范围，搭上义务教育普及"顺风车"，有效解决了幼儿教师的编制问题，为促进学前教育的稳定与发展奠定了良好的基础。

（三）加强行政力量，配齐管理机构及其人员

政府及其相关职能部门是一个相对独立的实体系统，其结构与功能等内在因素均会对政府履行职责产生根本性的影响。当前，我国中央层面的政策文件中对于学前教育行政管理机构和人员配置标准的规定宽泛，并且可操作性不强。例如，在1989年颁布的《国家教委关于实施〈幼儿园管理条例〉和〈幼儿园工作规程（试行）〉的意见》等政策文件中，虽然提出各地教育行政机构内应设立学前教育行政管理机构和人员，但缺乏对学前教育行政管理机构和人员设置数量、专兼职、行政归属、编制、资质和职责等具体标准的规定，对各地执行政策的指导性不强，这就直接导致了学前教育管理机构和人员设置的随意性大、缺位严重等问题。自2010年以来，我国学前教育事业进入了高速发展的快车道，但实施学前教育三年行动计划、国家学前教育重大项目，以及进行学前教育日常业务管理工作，都需要加强行政力量，规范学前教育行政管理机构设置与人员配备。H省历来重视学前教育行政管理工作，省委、省政府把学前教育定性为整个国民教育体系的重要组成部分，以实施学前教育三年行动计划为抓手，以标准化幼儿园建设和幼儿园规范化管理为重点，以提高保教质量为核心，通过加强领导、持续加大投入、强化项目建设、全力优化学前教育资源，逐渐形成了省委、省政府关心指导，省教育厅归口管理，省发展和改革委员会、省编办、省财政厅等相关职能部门协调配合的良性工作机制。在省委、省政府的重视下，基层教育行政单位均成立了学前教育工作领导小组，并按照"统一管理、分工协作"的原则，建立了学前教育工作联席会议制度。为了建立促进学前教育事业发展的长效、稳定机制，近年来，H省很多地市、区县在学前教育管理体制的"体"方面进行了改革探索，增设、分设或进一步明确了学前教育行政管理机构并配备了专职行政管理人员，如H省的省会城市教育局专门设立了"幼儿特殊教育处"，有的设区市教育局，在原"基础教育处"的基础上明确并增加了学前教育行政管理人员，很多区县教育局新设了学前教育科，并配备了幼儿教育专干。

2014年2月26日，H省全省教育工作会议召开，省委教育工作委员会书记、省教育厅厅长出席会议并讲话，强调要紧密结合国际、国内经济社会发展大趋势，努力适应国家和省对教育提出的新要求，通过不断深化教育领域综合改革，加快推进教育治理体系和治理能力现代化，实现教育事业科学发展。所谓的"加

快推进教育治理体系和治理能力现代化",就是要认真贯彻落实全国教育工作会议精神,在充分调研并结合省情的基础上,进一步简政放权,加快政府职能的转变,各级教育管理部门要更多地运用法律法规、政策、标准、拨款、信息服务等手段引导和支持学前教育发展,确保放而不乱,由传统的"管理"变为"治理",由微观管理变成宏观管理,由直接管理变成间接管理,由办教育转向管教育,由管理转向服务,要实现这些转变,必须有专门的行政管理机构,并实现专家治理。

(四)以工程项目为抓手,完善督导评估机制

自 2001 年起,H 省开始组织实施普及农村学前三年教育攻坚战,推动"基本普及学前三年教育县(市、区)工程",先后分别在一些市、县开展普及学前三年教育试点工作。在推进"基本普及学前三年教育县(市、区)工程"过程中,H 省每隔一年即在一个试点县召开现场会,总结和推广其普及农村学前三年教育的经验。2001—2008 年,H 省累计召开了五次全省普及学前三年教育工作现场会。2010 年 10 月,H 省又召开了学前教育工作现场经验交流会,进一步明确了办园以政府和集体为主、师资以公办教师为主、投入以政府和集体为主的"三为主"模式,并要求各级教育行政部门要以切实提高学前教育普及率和保育教育质量为中心,坚持"三为主"的发展模式,将抓好农村学前教育作为重中之重,推进幼儿园标准化建设,并进一步实施"基本普及学前三年教育县(市、区)工程"。

加强督导检查,促进评估验收,是实施"普三"的有力保障。自 2003 年开始,H 省即与各市签订了"普三"的目标管理责任书,全面启动对"普三"县的评估验收工作,从 2004 年开始逐县进行验收。从 2005 年开始,H 省又把原来的年度"普三"规划等额验收调整为差额验收,并按照"查一验二谋划三"的工作思路进行督导检查和评估验收。所谓"查一验二谋划三",即分类验收,是指对当年拟达标的县严格验收,对拟一年后达标的县提前一年督促检查,对拟两年后达标的县提前调研并提出明确的指导意见,对三年内规划实现"普三"的县提前进行过程性督导检查。此外,H 省还把"普三"的指标纳入了省级政府对县级政府的教育督导评估体系中,确保县级政府对其重视。自 2009 年开始,H 省教育厅又启动了对已命名的基本普及学前三年教育县的复查工作,保证"普三"成果的不断巩固和提高。2014 年,H 省在全省教育工作会议上进

一步提出,要完善督学、督政、监测三位一体的教育督导体系,全面加强教育督导工作,创新评价方式,充分发挥社会评价的作用,动员社会参与、支持、监督教育。

三、H省学前教育管理体制改革存在的主要问题与进一步探索

在积极推进学前教育三年普及的过程中,H省的学前教育管理体制不断创新,经历了从"三级两线"到"幼小一体化"的转变。但是,随着分税制和农村税费的改革,一些经济欠发达地区的乡镇无财力亦无人力管理农村学前教育。因此,提升农村学前教育管理责任重心,把县作为农村学前教育管理体制改革的关键和突破口,是H省下一阶段学前教育改革和探索的重点。2011年,H省人民政府《关于大力发展学前教育的若干意见》中明确提出:"县级政府对本行政区域学前教育事业发展负主要责任,根据经济社会发展、城乡人口分布和流动趋势,统筹规划幼儿园布局,筹措学前教育经费,办好公办幼儿园,扶持民办幼儿园,负责对各类幼儿园及其园长、教师的管理和业务指导。"在此基础上,省、市的主要职责是统筹学前教育发展,"省级和设区市政府负责本行政区域学前教育工作,制定发展规划和政策措施,加强统筹协调和监督指导,加大经费支持和统筹力度,扶持农村地区、少数民族地区及边远贫困地区学前教育事业发展"。乡镇和街道一级则从原来的学前教育管理主体转变为协助县级政府进行管理的具体实施部门,"乡镇和街道办事处根据县级政府规定履行相关职责,支持办好乡镇(街道)中心幼儿园和村幼儿园;加强对本辖区内各类学前教育机构安全、卫生和周边环境等方面的管理,为本辖区内学龄前儿童接受灵活多样的学前教育服务提供条件保障。有条件的乡镇政府在学前教育投入和幼儿园建设方面应承担更多责任"。

这就要求H省要进一步理顺各级政府及其教育行政部门的职、权、责配置,建立起分级管理、以县为主的管理体制,从而解决农村学前教育保障不足、资源供给有限等问题。具体而言,H省可以借鉴其在农村义务教育管理体制改革中积累的经验,在乡镇财力较为薄弱的地区将县或县乡两级确立为农村学前教育人、财、物和信息的具体行政管理主体,对事权进行首次配置;随后根据各地实际情况将县级政府无力承担的事权配置到省、市级政府,并最终将省级政

府确立为统筹管理、保障农村学前教育公平与区域农村学前教育均衡发展的责任主体。

第二节 S省W市学前教育管理体制改革探索

S省是东部沿海的农村、农业大省，自改革开放以来，S省为加快和深化经济社会各项事业发展，提出并深入推进了一系列强省措施。随着经济社会发展和新农村建设的推进，S省日益重视教育在促进经济社会建设中的重要作用，为加快和深化学前教育管理体制改革提供了有利的外部条件。W市在S省经济社会发展中属于中上等水平的地级市，一直重视教育事业发展，是国家教育领导小组确定的单项改革试点市，教育部确立的全国课程改革试验区，以及中国教育学会确定的全国唯一的地级市教育综合改革实验区，并先后被评为全国基础教育先进市和全国教育督导工作先进市。分析和研究W市学前教育管理体制改革的先进经验，可以为全国的其他地级市政府探索如何在政府间关系调整中切实发挥承上启下的作用，提供启示和借鉴。

通过访谈、座谈、观察等基本方法，笔者对S省W市进行了实地调研，主要从其学前教育事业发展状况、管理体制改革的主要举措、存在的问题和原因，以及下一步的改革探索等方面进行了深入剖析。

一、W市学前教育管理体制改革的背景

(一) W市社会经济发展状况

虽然W市是地级市，但是由于地处东部沿海，W市的经济规模和综合经济实力较强，甚至领先于全国部分省会城市。2013年，整个地级市范围的GDP达到4420.7亿元，位列全国主要城市的第33位，比上年增长10.6%；完成公共财政预算收入383.9亿元，比上年增长15.6%；实现社会消费品零售总额1758.8亿元，增长13.4%；城镇居民人均可支配收入、农民人均纯收入分别达到28 386元和13 273元，分别比上年增长10%和12.5%。①

---

① 2013年地区生产总值增10.6% W市较好完成各项目标任务 [EB/OL]. http://weifang.dzwww.com/wfxwn/201402/t20140211_9627853.htm [2010-04-10].

总体来看，S 省 W 市工业经济规模和综合实力在全国主要城市中位于前列。2013 年，市委、市政府更是按照"四化同步"、"五位一体"、全面建成小康社会的总体部署，积极融入山东半岛蓝色经济区、黄河三角洲高效生态经济区国家战略以及全省胶东半岛高端产业聚焦区建设，明确提出了打造四个基地、建设一个体系、强化三个基础支撑的"四一三"工作总思路，W 市经济社会发展稳步向前。

（二）W 市学前教育发展水平

2013 年，W 市全市共有各级各类幼儿园 1671 所，其中公办与公办性质幼儿园 1371 所，专任幼儿教师 1.42 万人，在园幼儿 22.6 万人，学前三年幼儿入园率达到了 92.4%。总体来看，W 市学前教育发展势头较好，但发展不均衡及整体保教质量有待进一步提高的问题仍较为突出。近年来，W 市大力实施幼儿园标准化建设工程，2009—2011 年累计投入资金 14 亿多元，新建和改扩建幼儿园 1104 处，全市已有 78.8% 的乡镇中心幼儿园达到了省级示范园建设标准。同时，其推行了农村幼儿园镇村一体化管理，以乡镇（街办）为单位，加快构建以"布局规划、经费管理、业务指导、教师管理、水平评估"的"五统一"为主要内容的农村幼儿园管理新机制；大力实施"名园""名园长""名幼儿教师"的"三名"工程，大力提高各类园所的保教质量；加强审批管理，对注册合格的幼儿园悬挂了统一的标识牌，并取缔"非法园"；积极推进学前免费教育，鼓励经济发达的县市区、镇（街道）逐步实施学前免费教育。

二、W 市学前教育管理体制改革的主要举措

自《国家中长期教育改革和发展规划纲要（2010—2020）》《国务院关于当前发展学前教育的若干意见》颁布以来，W 市抓住国家大力发展学前教育的大好机遇，以编制和实施学前教育三年行动计划为抓手，多措并举，勇于创新，学前教育管理体制改革有序进行，学前教育事业呈现出蓬勃发展的良好局面。

（一）政府高度重视，明确目标，统筹规划学前教育事业发展

W 市委、市政府高度重视学前教育事业发展，把发展学前教育作为落实《国家中长期教育改革和发展规划纲要（2010—2020 年）》的重要突破口和改善民生的重要举措，于 2011 年 2 月 28 日印发了《W 市关于加快普及学前三年教育的意见》，对 2011—2020 年十年间的学前教育管理体制、幼儿园建设、教师队伍

建设等方面做了全面部署。首先,制定了学前教育发展的总目标:到2013年,全市所有镇(街道)中心幼儿园全部通过省级认定,城市住宅小区和农村社区全部配套建成幼儿园,同时对所有幼儿园园长及教师进行一轮全员培训;到2015年,全市所有幼儿园全部达到省定基本办园条件标准,幼儿园教师全部达到国家颁布的幼儿园教师专业标准;到2020年,全市公办幼儿园数、在园幼儿数分别占幼儿园总数、在园幼儿总数的80%以上,学前三年入园率达到98%。W市通过制定学前教育分阶段、分层次的普及发展目标、园所建设目标和师资队伍建设目标,为将来督导评价各区县对学前三年教育行动计划目标的落实情况提供了依据。

此外,W市委、市政府还明确将学前教育纳入了经济和社会发展总体规划、公共设施配套建设规划、城镇和新农村建设规划、教育事业发展规划中,编制并出台了幼儿园布局专项规划。在具体实施过程中,基本上所有市、县都是由市长或县长亲自领导,多次召开市长或县长办公会议,专题研究学前教育发展问题。有了W市委、市政府的高度重视,在科学、明确的发展目标的指引下,政府部门牵头推进学前教育事业发展,切实承担起了对学前教育进行统筹规划、政策引导、经费保障、规范管理、质量提升、督导评估和提供基本公共教育服务、保障公平的职责。

(二)市统筹、以县为主、县镇(街道)两级共管,实施镇村一体化管理

W市委、市政府高度重视学前教育事业发展,近年来在大力推进学前教育普及发展的过程中,注重因地制宜,逐步建立并完善了"市统筹、以县为主、县镇(街道)两级共管"的学前教育管理体制。这就首先明确了市、县镇(街道)各层级政府及其相关职能部门在提供学前教育公共服务方面的具体职责。在此基础上,一方面,为了加强领导,设立了托幼机构领导小组;为了切实保障各级和各部门责任的具体落实,建立了学前教育联席会议制度。另一方面,为了做到学前教育事业发展有机构、机构运行有人员,W市在学前教育管理体制改革过程中还注意增加管理机构与力量,从市到县都设立了专门的学前教育科,并配备了专门管理人员,充分保障了对学前教育事业发展的组织和领导。

W市委、市政府高度重视学前教育工作,坚持把农村学前教育放在优先发展的战略地位。为促进城乡学前教育均衡发展,从2009年开始,W市把推行农村幼儿园镇村一体化管理作为全面提升农村学前教育发展水平的重要措施。所

谓"镇村一体化管理"，就是以镇（街道）为单位，加快构建以全市统一"布局规划、经费管理、业务管理与指导、教师聘用与考核、办园水平评估"为主要内容的农村幼儿园管理新机制。在农村地区，乡镇中心幼儿园的建设与管理是推动农村学前教育发展的重点，W市明确了乡镇中心幼儿园在其农村学前教育发展中的关键地位，推行乡镇中心幼儿园园长负责制，将乡镇中心幼儿园园长与幼教辅导员的办公地点均设在中心幼儿园内，同时乡镇中心幼儿园园长负责全镇（街道）幼儿园的行政与业务工作。在W市政府和教育局的大力推动下，各县、区纷纷结合各自的实际，因地制宜，大胆探索，涌现出了多个镇村一体化管理的成功典型。

（三）立足职能转变，建立惠民服务中心，提供"一站式"服务

随着经济社会的稳步发展和人民生活水平的不断提高，公众的法制观念和维权意识也在不断增强，拥有更优质、更公平的学前教育公共服务已经成为公众的普遍需求。近年来，W市在改善政府治理模式，将政府职能由"划桨"逐步调整为"掌舵"和"服务"，在建立公共服务型政府体系方面做出了探索，市教育局更是明确提出要"建设公共服务型教育局"。例如，W市在教师培训方面引入了市场竞争机制，将教育局"独家经营"、行政指令性的培训变为多家竞标、双向选择的机制，并设立了专门的教师"培训券"制度，通常由六七家社会培训公司竞标，从而增强了培训的针对性，使教师学有所获。此外，W市也将公众有需求而教育局无法承担的事务委托给一些社会组织或专业化的机构，例如，W市通过购买服务、合同外包等方式，委托了当地知名的家庭教育公司来开展农村家长教育理念更新活动。

为了更好地了解公众需求，沟通民意，保障公众的知情权、参与权、表达权、监督权，并能及时发现和纠正教育中存在的问题，解决人民群众最关心的问题，2008年W市将教育局机关内部与公众利益紧密相关的科室抽离出来，成立了教育惠民服务中心。该中心整合了教育机关的8个科室和3个直属教育单位，并专门配备了21名工作人员，目的是为公众提供教育"一站式"服务，凡是涉及教育的咨询和需求，社会公众均可以在教育惠民服务中心得到满意的答复。W市教育惠民服务中心通过电视台、人民广播电台以及报纸等媒体向社会公告联络、咨询和投诉方式，接受媒体及全社会的监督，教育惠民服务中心成为社会各界表达自身诉求、寻求行政帮助的平台，促使教育行政部门和教育机

构必须直面问题并解决矛盾，逐步形成了以公众需求为导向、以公众满意为核心和最终目的的工作体制机制。在教育惠民服务中心，教育局各科室的科长作为第一责任人，指导工作人员做好现场接访、电话咨询、审批事项办理以及接受群众的举报投诉等相关工作，并通过网络平台与群众实现线上面对面的交流。同时，对于在教育惠民服务中心发现的涉及多个教育局科室及单位的教育热点、难点问题，W市创造性地在机关内部实施了项目管理制，由不同科室、部门、行业组建项目攻关团队，在项目组长的带领下共同解决教育热点、难点问题。针对难以突破的教育难题，则聘请相应的教育专家予以协助，以达到更好地解决问题的目的。在此运行机制下，通过教育惠民服务中心反馈、汇总的人民群众最关注的问题得到了切实有效的解决，从而使得教育惠民服务中心真正成为人民群众寻求帮助、反映问题、投诉举报的有效平台。

（四）做实规划，完善政策，通过小区配套园丰富普惠性资源

随着我国经济社会的迅速发展，城市化进程也快速推进，大量农村人口进城务工、经商、生活和居住，城市小区建设方兴未艾，城中村、城乡接合部、新建住宅小区、工业园区等新兴社区不断增加。小区成了城市发展的基本组织和基本单位，小区配套幼儿园作为居住区公共服务设施（也称配套共建），既是配置和增加城市学前教育资源的主要渠道，也是提高政府公共服务供给能力的有效手段，在为城市地区的民众提供就近接受学前教育的机会，满足城市居民基本学前教育需求方面具有重要作用。S省在解决小区配套幼儿园问题上先行一步，保障居住区配套幼儿园政策落地，为切实解决"入园难、入园贵"问题做了很多卓有成效的工作。S省将城镇居住区配套幼儿园作为城镇普惠性学前教育资源的重要增长点，认为这是最节约土地和资金的公共服务设施建设方式，是解决"入园难、入园贵"问题的重要途径。2018年，S省政府先后印发了三个重要的文件，即《关于加快学前教育改革发展的意见》《关于城镇居住区配套教育设施规划建设的意见》《S省城镇居住区配套幼儿园专项整治工作方案》，并围绕着这三个政策的顶层设计，强化落地，切实增加公益性普惠幼儿园的学位，主要从以下四个方面进行。

第一，做实配套规划。一是坚持科学规划。吸收教育行政部门进入各级城乡规划委员会，以县为单位制定学前教育发展规划和幼儿园总体布局规划，由规划部门负责将幼儿园建设纳入城乡公共服务设施配套建设规划、控制性详细

规划和居住区规划，确定每所幼儿园的具体位置、"四至"范围、建设规模和完成时限。2018—2020 年，S 省每年新建、改扩建幼儿园 2000 所以上，新增学位 50 万个，2018 年已经超额完成任务。二是提高配建标准。按照服务半径原则上不大于 300 米，每 3000～5000 人口居住区设置 1 所 6 个班以上规模的幼儿园。

第二，完善政策链条。S 省全面落实房地产开发项目建设条件意见书制度，做到"四同步"。一是坚持同步规划设计。规划部门在对开发企业申报规划设计方案、初步设计、施工图设计进行审查时，根据其规划条件和建设条件严格审查，不符合条件的，不予受理或通过，保证同步规划设计。二是坚持同步建设施工。建设部门要求配套园先于或同步于居住区项目建设，如果是分期开发的居住区，必须将配套园安排在首期建设。申报施工许可时，相关部门严格审核配套园的建设期限，不符合建设条件的不予核发，以保证同步建设施工。三是坚持同步竣工验收。建设部门在居住区建设项目申报竣工规划核实、竣工综合验收备案时，配套园应建未建，或者不符合规划条件、建设条件及有关技术标准规范的，不予办理，以保证同步竣工验收。四是坚持同步交付使用。实施"交钥匙"工程，园所建成并验收合格后 3 个月内必须无偿交付当地教育行政部门。配套园优先办成公办园，或委托办成资产国有的普惠性民办园，确保其公益、普惠性质。

第三，加强专项整治。一是成立专班。由省政府分管的副秘书长担任工作小组组长，加强组织协调。二是全面排查。教育部门牵头开展排查工作，列出需要整治的幼儿园清单，具体包括未规划的、建设不到位的、移交不到位的和使用不到位的幼儿园。

第四，健全工作机制。这里的关键机制有两个：一是建立考核机制。S 省 W 市将学前教育发展的情况纳入经济社会发展综合考核和新型城镇化考核中。建立普及学前教育督导评估制度，将配套教育设施规划建设情况作为对各级政府履行教育职责的重要考核内容，定期进行督查，督查结果向社会公布，接受社会的监督。二是完善财政奖补机制。2019 年，省级投入专项经费 4.5 亿元，重点用于支持各地配套园建设。各市也加大了投入力度，每年给予每个孩子不低于 710 元的财政补贴。例如，J 市按照新建幼儿园每班补贴 10 万～40 万元，改扩建幼儿园每班补贴 5 万～15 万元的标准，每年奖补资金达到 1 亿余元。Q 市按照每班 50 万元的标准对回购的配套园进行奖励。[①]

---

① 介绍《国务院办公厅关于开展城镇小区配套幼儿园治理工作的通知》有关情况 [EB/OL]. http://www.moe.gov.cn/jyb_xwfb/xw_fbh/moe_2069/xwfbh_2019n/xwfb_20190122/wzsl/ [2019-08-12].

（五）建立多维教育评估和政学一体的立体教育督导体制

为了保证地方政府以及教育行政部门真正起到引导教育健康发展的作用，并更好地监督教育工作的落实与实施，W市自2011年起发动全社会的力量，通过随访对县市区及其教育行政部门的工作进行满意度评议。对随访的结果进行汇总后，作为各县市区教育工作满意度评价的参考，将其公开通报，并作为年度评定教育综合督导总成绩的重要指标。同时，各县市区每年对教育局全体工作人员以及直属事业单位领导成员进行满意度评价，请各县市区随机抽取的50名服务对象（包括各类学校校长、幼儿园园长、教师和县级教育行政机关人员）公开进行评议，并把评议结果作为考核被评议工作人员绩效的系数之一，以及干部评优、晋升提拔的重要依据。W市通过全社会对各县市区政府及教育部门进行满意度评价，并将评价结果直接与相关人员晋升考核相关联的做法，实现了社会对政府教育工作的监督，促使政府能够真正做到依法行政、依法办学，保证教育的优先、优质发展。

W市自2001年起即开始进行教育督导改革，通过"督政—督学"相结合、"政府—民间"相结合的方式建立起立体的督导体系，以保证教育政策得到切实落实，教育事业得以优先发展。为了完善对县市区政府教育部门的督导工作，建立并强化"督政"体系，W市专门成立了教育督导委员会，并由市长担任委员会主任，特聘请市人大代表、政协委员，以及包括教育界在内的社会各界知名人士担任委员，每年定期对县市区教育工作进行综合督导评估，重点对教育、财政、编制和人社等相关职能部门履行教育发展职责的情况进行督导检查，推动包括教育部门在内的各相关职能部门依法行政。在督政之外，W市自2006年起还建立了督学责任区制度，强化了对基层学校和幼儿园的随访式、经常性督导。W市已经建立了170个督学责任区，将3200多所中小学、幼儿园和教育培训机构全部纳入督导体制内。县市两级教育行政管理人员和科研人员中只要符合条件的即全部聘为责任区兼职督学，每个责任区安排督学4~6人，承担对责任区内学校的督导责任。在此基础上，督学每月在市教育局常务会议进行工作汇报，提出责任区内普遍存在的教育问题，并针对问题提出相应的完善意见及解决方案，市教育局再根据各责任区督学反映的教育问题研究确定下个月责任区督导的重点内容，保证督学责任区的有效运行。在此督学体系下，教育管理督导的重心下移，教育行政部门能够更切实地了解学前教育中存在的问题，为学校健康发展提供了有力的保障。在督学体系的基础上，为了对学校教育进行更好的监督，防止出现教育行政部门人员监督学校时存在的利益牵连、拖延不办等问题，W市还通过"购买服务"的方式，扶持建设了民办非企业单位——"W市创新教育管理评估中心"，该中心组织了一批已经退休的教育专家、学校校长、督学专家和科研能手等对学校和幼儿园进行评估，并开展教育投诉事件的调查。"第三方"评价监督部门的监督，在一定程度上弥补了"督学"体系中存在的督学既是"教练员"又是"裁判员"及"左手管右手"的不足，进一步保证了督导的效率与客观性、公正性。至此，W市建立起以教育部门监督地方政府教育工作的"督政"以及教育部门自身设立督学责任区进行学校监管的"督学"相结合的教育督导体系，同时通过来自"上层"的W市委组建的教育督导委员会对各政府部门教育工作的监管以及来自"外围"的民间"第三方"评估中心对学校教学的评估，进一步完善了W市教育督导体系，使之形成了自上而下、由内到外的立体的教育督导体制。

三、W市学前教育管理体制改革存在的主要问题与进一步探索

W市以政府职能转变为重点，以切实改善民生为出发点，采取了多项措施拉近政府及教育行政部门与人民群众的距离，逐步建立并完善了契合地方实际的学前教育管理体制。然而，在行政体制改革的实际操作中，具体到学前教育领域仍存在一些问题，需要进一步思考与探索。

首先，当前我国学前教育管理体制改革的重点在于管理主体重心和财政保障重心的"双上移"，从全国范围而言，行政管理的重心需要从乡镇提升到县级政府，统筹管理的重心则需要进一步提升到省级政府。然而，在当前我国行政管理体制改革的大背景是扩权强县、省直管县的情况下，地级市政府应该如何更好地发挥其承上启下的作用，依据中央和省的相关法规、政策、规划，制订本辖区学前教育事业发展的具体行动计划并组织县市区实施，就显得尤为关键。

其次，当前普惠、优质的学前教育资源短缺，从中央到地方都提出要通过多种形式扩大学前教育资源。W市委、市政府在扩大资源的同时，需要进一步考虑如何真正打破公办、民办幼儿园之间的固有界限，以考核办园质量为根本

标准建立和形成公平、均衡的办园体制和办园格局。

再次,在第一轮学前教育三年行动计划中,W 市对于无证园基本上都是以"全面清理、取缔"为主要处理方法。然而,在实际处理过程中,当地其实已经开始探索分类治理的模式,例如,对于条件较好的无证园经考核合格即颁发办园许可证;对于暂时不能达标但确是当地需求,且现有学前教育资源不能满足分流需求的,可以办暂缓证,同时进行整改;对于那些存在重大消防和卫生安全隐患,即使通过整改也无法符合基本办园条件的,则坚决予以取缔。因此,结合当地经济、教育发展、社会需求、园所具体情况,到底应该如何引导和管理不同类别的幼儿园,建立幼儿园动态监管机制,将是 W 市进一步改革和探索的重要内容。

最后,W 市的教育督导和评估走在全国前列,目前很多县市已经明确提出将学前教育纳入对乡镇政府的考核中,同时也开展专项督导,将结果列入年度乡镇政府重点教育督导评估内容中,并占一定权重。然而,权重系数到底定为多少合适,如何将学前教育事业发展与经济社会发展和行政体制改革结合起来综合配套进行,仍需要进一步探索。

第三节 B 市 M 县学前教育管理体制改革探索

B 市属于直辖市,其下辖的 M 县位于 B 市东北部,属于以山区为主、以农业人口为主的经济欠发达的远郊区县。虽然经济社会发展水平一般,但 M 县学前教育管理体制改革的推进卓有成效,1996 年在全市率先推行"农村幼儿园挂靠小学管理"体制改革试点,并于 2002 年在全县范围内推广,迄今为止已建立起"地方负责,分级管理,以县为主;教育部门主管,各相关部门分工合作"的学前教育管理体制,并形成了"乡镇中心小学校长负责制下的中心小学统管乡镇学前教育事业"这一农村学前教育管理模式,可以为我国县域学前教育管理体制改革提供一定的启示和借鉴。

本研究选取 M 县作为县级学前教育管理体制改革的个案,采用文献研究、访谈、座谈等基本方法,对其学前教育事业发展状况、管理体制改革的主要举措、存在的问题和原因,以及下一步改革探索等方面进行分析。

一、M 县学前教育管理体制改革的背景

（一）M 县社会经济与学前教育发展状况

M 县东、北、西三面群山环绕、峰峦起伏，中部是水库。全县总面积为 2229.45 平方千米，其中山区面积占 79.5%，平原面积占 11.8%，水库面积占 8.7%，正所谓"八山一水一分田"。2010 年，全县共辖 2 个街道、17 个镇、1 个乡（地区办事处）；在 18 个乡镇中，10 个是 B 市边远地区乡镇。截止到 2009 年末，全县共有户籍人口 43.2 万人，其中 60% 为农业人口。2009 年，M 县 GDP 位列 B 市 18 区县第 15 位。截止到 2009 年底，M 县共有幼儿园 83 所，其中教育部门办园 53 所，其他部门办园 1 所，集体办园 11 所，民办园 18 所。全县共有在园幼儿 8951 人，其中本市户籍在园儿童 7637 人，非本市户籍在园儿童 1314 人。全县共有幼儿专任教师 789 人，其中 411 人具有事业编制。

（二）M 县学前教育管理体制改革的背景

M 县在 1996 年实施"农村幼儿园挂靠小学管理"体制改革试点之前，依据国家相关学前教育法规和政策文件，以及 B 市学前教育相关政策文件，确立了"地方负责，分级管理和有关部门分工负责"的学前教育管理体制，乡镇是 M 县发展农村学前教育的主体。随着中小学富余资源的产生，同时部分乡镇农村幼儿园发展陷入困境，学前教育管理体制改革成为 M 县的一种迫切需求。20 世纪 90 年代，随着人口增长低谷期的到来，M 县中小学生数量逐年递减。受计划生育政策的影响，农村本地户籍人口出生率逐年下降，再加上城市化进程加速，农村地区进城务工人员逐年增加，随父母进城就读中小学的农村儿童逐年增加，M 县农村地区中小学学生数从 1992 年的 4.64 万人急剧下降为 2005 年的 2.46 万人。在这样的背景下，M 县等远郊区县逐步撤并生源不足、规模过小的农村学校，在人口相对集中的地区集中办学。在撤并中小学的过程中，逐渐产生了大量富余师资、校舍等教育资源。为充分利用闲置校舍和富余师资，保证教育资源不流失，"九五"期间，M 县以一些幼儿园为试点开始试行将乡镇中心幼儿园挂靠到小学，由小学往幼儿园派驻转岗教师的体制改革，并探索农村小学管理农村幼儿园的新模式。

在 M 县推行农村幼儿教育纳入小学教育管理体制改革之前，发展农村学前教育的职责主要由各乡镇承担。然而，各乡镇往往缺乏专门的学前教育专业管

理人才,对学前教育事业发展规律认识不足、管理能力有限,难以有效发挥其学前教育管理职能。同时,由于乡镇自身的财力有限,尤其是分税制改革后乡镇财力下降,部分乡镇财政赤字问题凸显,再加上现行政策对乡镇政府投入职责的规定不明晰,许多乡镇缺乏办学积极性,纷纷通过转租、承包、出售等形式逐步放弃了举办乡镇幼儿园的职责,致使一部分地区乡镇中心园和村园陷入无人问津的低水平发展的困境。同时,各乡镇农村幼儿教育事业发展水平参差不齐,影响了全县农村幼儿教育与小学教育工作的有效衔接,并直接对小学教育质量的提升产生了不利影响。在这样的背景下,经 M 县政府研究决定,将农村幼儿园纳入小学教育系统,由乡镇中心小学实施统一管理,以推进农村幼儿教育与小学教育的衔接,并提高农村幼儿园的管理水平和保教质量。

二、M 县学前教育管理体制改革的主要举措

(一)建立"以县为主,县乡两级分工负责"的体制格局

2000 年,B 市政府通过财政体制和行政管理体制改革,明确了市—区县—乡镇三级管理的职责,并将基础教育全部下放到了区县管理,从而确立了基础教育"以县(区)为主"的管理体制。M 县也于 2002 年出台了《关于进一步完善基础教育管理体制的意见》,规定了县政府对全县基础教育改革与发展应负的主要责任,建立起义务教育以县为主的管理体制。将农村幼儿园纳入小学管理后,M 县一方面延续了"以县为主"的体制格局;另一方面通过出台相关政策文件,明确了县乡两级政府各自的职责,形成了学前教育"以县为主,县乡两级分工负责"的体制格局。

具体而言,县级政府与县教育委员会的学前教育行政权力与责任可以归纳为五大方面:第一,制定并执行政策制度、规划、计划;第二,负责各类学前教育机构设置、调整、审批与公办园所建设;第三,负责教育教学(课程、教材)业务管理和指导;第四,负责人、财、物、信息管理(包括干部教师人事管理,教育经费的筹措和使用权,设施设备等物质资源的供应、使用和管理,幼教师资与幼儿信息管理等);第五,教育督导权(包括督政、督学、考核评价、激励等权力与责任)。乡镇政府与乡镇教育局承担的职责也可以归纳为五大方面:第一,辖区规划、布局调整方案的制订;第二,安全管理和监督;第三,公办园基础设施建设;第四,对村集体办园和民办园的审核管理以及取缔非法

办园；第五，镇域内0～6岁儿童家长的科学育儿指导与建立0～6岁儿童基础教育信息库。由此可见，宏观决策权主要集中于县级政府和县教育委员会等学前教育行政管理机构，县政府与县级学前教育行政部门不仅是农村学前教育事业发展的宏观统筹、规划、管理责任主体，还承担着发展农村学前教育的主要责任。M县在强化县级政府发展学前教育职责的同时，也出台政策文件明确了乡镇政府在农村学前教育监管、服务方面的职责，形成县级政府全面管理，乡镇政府配合做好保安全、促发展工作的"以县为主，县乡两级分工负责"的学前教育管理体制。

（二）以教育部门作为主管部门，各相关部门分工合作

学前教育是一项涉及政府多部门的公共事务，在行政管理体制运行中，需要多部门合作、共同参与、共同管理。在明确县教育局主管职责的同时，M县出台政策文件，明确了各相关部门的职责。

第一，县乡两级财政部门主要承担按照现行教育事业公用经费定额标准，拨付公办幼儿园经费的职责；按照《B市学前教育条例》的要求，拨付学前教育专项经费的职责。第二，县发展和改革委员会负责对园所收费项目及标准进行审批，园所审批、登记、注册时需要到县发展和改革委员会办理收费许可证。第三，县规划委员会负责会同教育行政部门在县城建设规划中确定学前教育设施的网点布局和位置。第四，卫生部门负责制定各类学前教育机构卫生保健方面的规章制度并组织实施；负责对各类学前教育机构的卫生保健、食品安全、疾病防控等工作进行指导、监督、考核、评价。第五，公安部门负责维护学前教育机构周边的治安环境；负责对学前教育机构的消防工作进行指导、监督。通过确立县教育委员会主管职责及明确各相关部门的职责，M县建立起了县教育委员会主管，财政、发展和改革委员会、规划委员会、卫生、公安等相关部门各司其职、分工合作的学前教育管理体制。

（三）建立中心校统管乡镇幼儿的教育模式，将幼儿园作为公办小学附属部门

M县农村学前教育管理体制改革的核心就是建立中心校统管乡镇幼儿教育的模式，并将农村幼儿园、学前班作为小学附属部门，其经费、教职工、教育教学、日常工作由中心小学实施统一管理。中心小学校长作为中心校法人代

表,受上级政府主管部门的委托,对学校及学校附属的幼儿园实行全面、统一领导。中心小学设幼教主任,在校长的领导下具体负责本乡镇的幼儿教育管理工作。

第一,将乡镇中心园、公办村园及流动幼儿园全部纳入乡镇中心小学进行管理。中心小学则由县教育委员会直接领导,同时也接受乡镇政府的监督。中心小学校长是区域学前教育质量的第一责任人。中心小学校长作为全乡镇中小学校、幼儿园的法人代表,全面负责中心校所辖学校、幼儿园的教育教学和行政管理工作,依法享有教育教学管理权、财务和资产管理权、学校人事管理权等。

第二,成立中心小学校长领导下的乡镇学前教育办公室,负责对本地区公办幼儿园的管理及集体办幼儿园、民办幼儿园的业务指导、师资培训工作;负责组织本地区 0~6 岁儿童家长的早期教育指导工作;抓好各类型托幼园所的业务指导与质量管理,全面评价各类托幼园所的保教工作,开展辖区内幼儿教师的业务学习培训,抓好中心园建设,指导中心园的教育、卫生保健、安全保卫工作。

第三,乡镇中心园作为乡镇学前教育的保教示范、教研中心和培训基地,实行校长领导下的园长负责制,中心园园长要承担起贯彻执行国家方针政策、法律、法规和市县学前教育有关规定的职责,在校长领导下全面负责中心园的管理工作,全面提高办园质量,组织本园教师进行思想政治学习,开展辖区内幼儿教师业务学习培训,抓好中心园建设,充分发挥好中心园的辐射作用。

M 县依托于这一体制,将幼儿园产权归属于中心小学,并将中心小学作为中心园和村园的管理机构,构建起小学管理幼儿园的乡镇农村学前教育管理模式。在这一体制设计中,乡镇学前教育行政管理部门成为中心小学的一个职能部门,乡镇幼教主任成为中心小学的一个科室主任,而幼儿园也成为小学的下一级单位,附属于中心校或村小学。

(四)建立起以小学为主干、中心校与乡镇教育委员会分工合作的管理组织体系

总体上看,通过将农村幼儿园纳入小学教育管理的体制改革,当前 M 县已建立起以"县教育委员会直接管理中心校校长,中心校校长管理幼教主任,幼教主任管理各类农村幼儿园"为主干,中心校与乡镇教育委员会按职能分工合

作的双轨合作制管理组织体系。

第一，从管理职能上来看，乡镇中心校校长与乡镇教育委员会主任各有分工：中心校校长是乡镇学前教育事业发展质量的第一责任人，在乡镇中心校校长领导下的乡镇学前教育办公室负责全乡镇各类别幼儿园的业务指导、质量管理、师资培训；乡镇教育委员会主任则是提升乡镇幼儿入园率和取缔非法办园的第一责任人，并负责各类别幼儿园的安全管理。

第二，从管理对象上来看，二者各司其职、分工合作。乡镇中心校拥有对占乡镇园所主体的公办园人、财、物的管理权，而为数不多的集体办园和民办园则主要由乡镇教育委员会负责监管，非法办园的取缔也主要由乡镇教育委员会负责。

第三，乡镇教育委员会和中心校校长密切合作，共同承担起统筹、管理的职责。例如，在制定招生规划方面，乡镇教育委员会负责统计乡镇人口出生情况，同时中心小学提供在校学生情况，把各类数据综合到一起制定乡镇幼儿园招生规划。在新建校园方面，小学负责师资配备，乡镇教育委员会负责监督工程进展情况与工程质量，小学根据工程进展情况调配师资，向教育委员会申请配备设备等。在园所布局结构调整方面，布局规划由乡镇教育委员会和中心小学共同制定，调整过程中乡镇教育委员会负责协调村委会或乡镇政府，小学负责制定公共财产回收、房屋的交接管理办法，双方合作，共同管理乡镇学前教育的各项事务。

当前各乡镇均以公办园所为主，而公办园所的人、财、物、信息等各项管理工作主要由中心校负责，因此实际上形成了以小学为主干、中心校与乡镇教育委员会分工合作的双轨制管理组织体系。

（五）建立督政、督学并重的督导评估体系

从宏观上而言，教育督导可分为督政和督学两大块。督政与督学既相互联系又相互制约，是教育督导工作中不可缺少的两个方面，其目的都是促进教育事业的健康发展。M县在农村学前教育管理体制改革中明确县、乡两级政府的职责，建立起督政、督学体系。

首先，县政府教育督导室负责对乡镇学前教育发展进行督导和考核。督政即督促政府对教育依法进行经费投入，监督政府对教育法规、政策的执行情况。县域内教育督政主要涉及的是县对乡镇教育工作的督导、考核。M县出台政策

文件，规定由"县政府教育督导室定期对各乡镇政府管理学前教育工作情况进行督导评价"，并将检查结果作为评价乡镇政府履行管理学前教育职责的指标之一。同时，将学前教育列入教育督政范围内，并设立相应的学前教育工作评价指标，建立起学前教育督政体系。

其次，建立起多层次的考核评价体系。为保障并不断提高学前教育质量，M县建立起多层次的考核评价体系。第一，由县政府教育督导室和教育行政部门定期对各类学前教育机构进行评价和考核，并根据结果进行督政。第二，县教育委员会定期对中心小学管理学前教育工作的情况进行检查和评价，并将其纳入中心小学整体评价中。同时，开展学前教育专项评价，进行园长考核、幼儿发展评价、教师业务评比等活动，并将其结果作为评价中心小学的指标之一。第三，乡镇中心小学负责对园长、教师进行考核，乡镇学前教育办公室负责对各乡镇园所实施评价和管理。

通过建立督导评估指标体系，明确各相关部门督政与督学的职责，M县建立起了以提高质量为目标，督政、督学并重的学前教育督导评估体系（图5-1）。

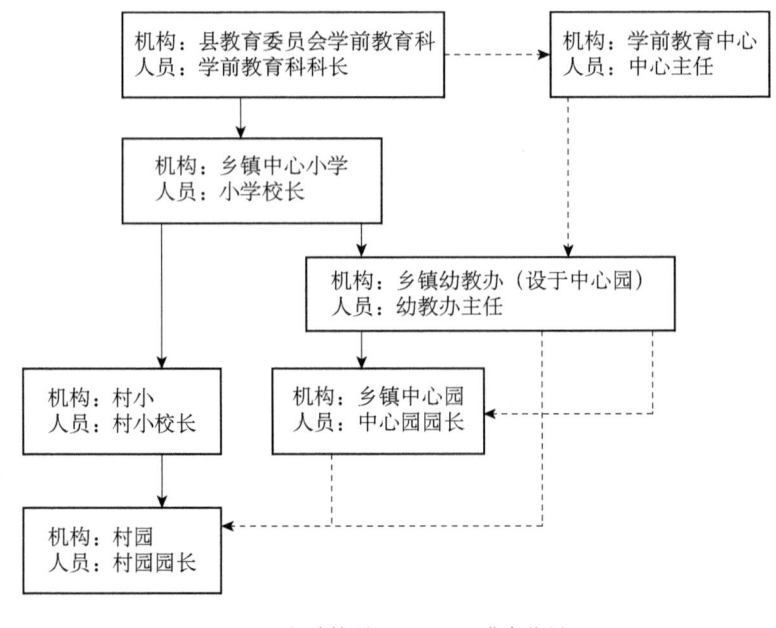

图5-1 B市M县学前教育管理体制机构人员改革关系图

三、M 县学前教育管理体制改革存在的主要问题与进一步探索

M 县农村学前教育管理体制改革抓住了农村学前教育管理体制中的核心问题，对县、乡的权责关系进行了根本性调整，建立起乡镇中心校管理幼儿园的农村学前教育管理模式，解决了原来体制中存在的诸多不适应农村学前教育发展的根本性问题，推动了当地农村学前教育事业的快速发展，取得了显著成效。与此同时，体制改革本身仍然需要经历一个不断调适、不断完善的过程，随着农村学前教育事业的不断发展，对改革完善管理体制也不断提出新的要求，体制改革中存在的权责关系未完全理顺、机制与制度不健全等问题也逐渐显露出来。

第一，市、县、乡三级政府在学前教育投入方面的权责关系尚未完全理顺，各级政府负担结构不合理、财政投入定位不清晰，学前教育财政投入总量依然不足。作为农村学前教育财政性经费投入的主体，县级政府已举其财力的近 1/2 发展教育，可进一步加大教育投入的空间有限；乡镇政府对镇域内学前教育事业发展的财政投入权责的界定不明晰，各乡镇普遍缺乏投入的积极性，部分乡镇政府完全放弃了对农村学前教育的投入责任，产生了明显的"挤出"效应。如何理顺市、县、乡三级政府间财权与事权的关系，调动各级政府对农村学前教育财政投入的积极性，成为当前体制改革的关键问题。

第二，县、乡"条块"的关系尚未完全理顺，多头管理，但实际管理职责落空。M 县现行政策文件中关于农村集体办园和民办园审批与登记注册管理权力主体的规定不一致，县教育委员会和乡政府之间在民办园、集体办园和小规模园所登记注册方面的权力、责任关系尚未理顺。例如，2008 年制定的《M 县人民政府关于进一步完善学前教育管理工作的意见》中明确规定："各乡镇政府负责本地区村办幼儿园、民办幼儿园的审批和管理工作，乡镇地区的集体办幼儿园和民办幼儿园的举办或终止由乡镇人民政府依据本地区学前教育规划及办园标准进行登记注册或撤销，并报县教委备案。"根据这份政策文件，乡镇政府是农村集体办园和民办园的审批与登记注册主管部门，县教育委员会只负责备案。然而，2009 年 8 月颁布的《M 县教育委员会关于进一步完善学前教育管理体制的意见（试行）》中则规定："举办民办幼儿园规模达到 3 个班（含）以上的由县教委审批；低于 3 个班的由乡镇教委负责初审，符合条件的报县教委给与登记注册，注册的有效期为一年。未经县教委登记注册，任何单位或个人不

得举办幼儿园。"同年颁布的《M县教育委员会关于进一步加强学前教育管理的若干意见（试行）》中进一步规定："乡镇教委应根据当地学前教育规划对民办幼儿园进行审核并报县教委登记注册，协调有关部门取缔非法办园，乡镇教委主任是取缔非法办园的第一责任人。"根据上述两份文件，县教育委员会才是合法登记注册单位，而乡镇教育委员会则是取缔非法办园的行政执法部门。不同文件对农村民办园和集体办园审批、登记注册管理权力和责任主体的规定不一致，导致县教育委员会、乡镇政府之间的权责边界不清晰，多头管理等问题凸显。此外，乡镇教育委员会主任是教育系统内事业编制人员而非行政编制人员，即非公务员身份，并且文件规定乡镇教育委员会主任并不具备园所审批、登记注册权力，也不具备合法的行政执法权力，却要承担取缔非法办园的责任，其身份与权力配置不匹配，责任与权力配置不对等，责大权小，造成了实践中的行政执法困难、非法办园取缔困难等问题。

此外，M县仍然存在一部分村集体办园，部分乡镇中心小学也向村集体办园派驻了公办教师，并由县教育委员会解决这些教师的编制和待遇问题。但集体办园与教育部门办园不是同一系列法人单位，按我国现行财政拨付途径，县教育委员会无法向村集体办园拨付财政性公用经费，因此，园所日常运转所需经费仍然需要由村集体或乡镇政府负责解决。但现行政策文件中缺乏相关规定，乡镇政府对这类园所的举办和发展的责任不明确，园所经费运转困难，园所接受"条块"多头管理，却缺乏"条块"多方投入。因此，县教育委员会与乡镇政府的条块关系仍需进一步理顺。

第三，幼教主任、总务后勤主任、完全小学校长之间的权责关系未完全理顺，存在多头管理、幼教主任管理权有限的问题。首先，在M县农村学前教育体制设计中，幼教主任在中心校校长的领导下负责辖区内公办幼儿园的行政管理工作，其行政级别与中心小学教务主任、总务（后勤）主任、完全小学校长同级。但从管理权限来看，幼教主任既不掌握本乡镇学前教育的财权，也不具备幼教师资队伍人事管理权，农村公办幼儿园受多部门、多位领导管理，而幼教主任的管理权限范围已局限为狭义的业务指导和上传下达。尽管幼教主任与总务主任同级，但当其管辖内的各园所有物资或经费需求时，幼教主任需要向总务主任、校长层层上报，甚至部分区县幼教主任需要报请总务主任后，由总务主任再向校长请示汇报。由于资源调控能力和管理权限得不到保障，幼教主任的实际角色仅相当于中心小学中负责幼儿园日常管理工作的办事员，其管理职能旁落，并陷入具体事务性工作之中。在解决完全小学附设村园与完全小学之间的问题时，幼教主任仅能发挥协调、协商职能，无权插手完全小学校长的管理工作，也无法对完全小学附设幼儿园的人事、财物进行管理和干预，幼教主任级别设置不合理，管理权有限的问题更加凸显。其次，幼教主任与中心园园长的行政级别设置不合理，管理权限交叉，工作难开展。在 M 县现行的农村学前教育管理体制设计中，幼教主任与 3 个班以上中心园园长的行政级别都是主任级，两者都在校长的领导下开展工作。但从其工作管理权限来看，中心园园长主要管理中心园，而幼教主任不仅要管理村园，还要对中心园承担行政管理职责。这就造成了行政级别一致，但其中一人对另一人具有管理权限的矛盾。在实际工作中，幼教主任普遍反映的问题有中心园园长"越级请示"、主任与园长间的权责划分不明确、幼教主任难以对中心园园长实施管理等。此外，根据现行政策文件规定，幼教主任与中心园园长之间的职责划分存在交叉。幼教主任本应统筹管理全乡镇各类别幼儿园教师，但"幼教主任工作职责"中明确要求幼教主任"组织本园教师的政治学习，开展辖区内幼儿园教师的业务学习培训；领导中心园的教育、卫生保健、安全保卫工作，发挥好中心园的三个作用"，同一份文件中对中心园园长也有同样的要求。现行政策规定不明确，执行中情况多样、问题较多，中心园园长和幼教主任的职责交叉，幼教主任普遍反映强烈。最后，园长处于管理体系的底层，接受多头管理，缺乏自主权。在现行体制设计中，中心园园长和村园园长处于管理体制中的底层，既无经费自主权，也无人事管理权，幼儿园日常教育教学工作所需物质资料也需要向完全小学校长、中心校主任、幼教主任、中心校校长层层请示上报；再加上当前幼儿园普遍存在编制紧缺的情况，园长不仅要做好园所日常管理工作，还需要承担保健医、早教工作指导员甚至厨工等其他岗位的工作。

第四，学前教育行政管理机构设置与人员配置不合理，难以实现专业化管理。首先，机构设置不合理，乡镇幼儿体系处于依附于小学体系的不利地位。在 M 县的现行学前教育管理体制中，县、乡两级学前教育行政机构均附设于小学教育行政机构之中。从县级行政机构的设置来看，目前 M 县教育委员会中尚无单独设置的学前教育行政机构，学前教育行政管理工作由小学教育科负责。从中心小学内学前教育行政管理机构的设置来看，中心小学下设乡镇学前教育办公室，该办公室由中心小学校长领导，相当于小学校中的一个职能部门。县、乡两级学前教育行政机构设置整体上弱化了学前教育行政管理机构的地位，学前教育行政成为小学教育行政中的一个组成部分，在学前教育行政决策中处于不利地位。

其次，人员配置缺乏科学标准，管理力量薄弱。从学前教育行政管理人员的资质标准来看，改革之初，对于选择什么样的人来从事乡镇学前教育行政管理工作，缺乏明确的政策制度规范。2009 年 8 月 15 日出台的《M 县教育委员会关于进一步完善学前教育管理体制的意见（试行）》，明确规定了幼教主任和中心园园长的任职条件，但总体上看缺乏对任职人员幼儿教育专业知识、专业能力与经验的考核标准，也缺乏对教育事业管理能力与经验、幼儿园管理能力与经验方面的考核标准，而这两项标准才是选拔学前教育专业行政管理人员的核心标准。从政策执行情况来看，乡镇学前教育行政管理人员基本上由从乡镇中心小学抽调出来的小学教师担任，因此，乡镇学前教育管理人员的专业性不强、管理能力与经验缺乏等问题非常突出，现行乡镇学前教育行政管理人员选拔标准仍待完善。此外，从人员配置数量标准来看，主要存在着标准定额低、行政管理人员数量不足等问题，人员配置数量标准存在"一刀切"的问题，不能兼顾不同乡镇学前教育事业发展现实需求等。

第六章
学前教育管理体制改革的基本方向与制度设计

学前教育是国民教育的基础、终身学习的开端和重要的社会公益事业，其对儿童身心全面健康发展、教育质量整体提升，甚至社会和谐均具有重要的先导作用。2010年，国务院两次召开常务会议，专门研究部署发展学前教育的政策措施，将"完善工作机制，加强组织领导"作为发展学前教育的重要内容。2013年，党的十八届三中全会将"推进国家治理体系和治理能力现代化"列入全面深化改革总目标，政府改革重心逐步从传统的保障经济社会安全向更好地提供公共服务转变。基于对我国学前教育管理体制改革的历史回顾，对现存问题与改革挑战的把握，以及对国际经验与地方探索的深入分析，本章在公共服务型政府建设的理论框架下，力图把握我国学前教育管理体制改革的基本方向，并对当前我国学前教育管理体制改革进行制度设计，进一步提出有效推进我国学前教育管理体制改革的政策建议。

第一节 当前我国学前教育管理体制改革的基本方向

为了解决当前我国学前教育管理体制存在的主要问题，大力推进学前教育发展，应对国内宏观政策形势变化和扩大学前教育资源对我国学前教育管理体制提出的挑战，当前我国学前教育管理体制改革的基本方向应该是促进公平、保障质量，明确政府主导责任，立足政府职能转变，实现绩效管理，并在充分考虑基本国情的基础上，分阶段、分区域逐层推进。

一、促进公平、保障质量

根据公共产品理论，学前教育符合公共产品的两大基本特性，即非竞争性和非排他性。虽然现阶段我国学前教育尚无法与义务教育一样被归入纯公共产品的范畴，但它却是一种具有强正外部效应的准公共产品。学前教育是国民教育的基础和教育公平的起点，对保障儿童基本人权和发展权，整体提升我国国民素质，促进经济社会长远发展和提高国际竞争力，具有重要的战略价值。当前，我国"入园难"问题突出，区域、城乡学前教育发展水平差异较大，学前教育公共服务供给不充分且质量难以保障。因此，大力扩大学前教育资源，满足适龄儿童的入园需求，成为当务之急。自2010年下半年以来，在党和政府的高度重视下，我国学前教育事业走上了蓬勃发展的快车道，如何在高速发展的基础上处理好公平和效率、质量和规模之间的关系，促进学前教育的科学、协调、可持续发展，成为当前我国亟须重点考虑的问题。因此，当前在我国学前教育事业发展过程中，多种形式扩大学前教育资源和充分合理利用现有资源缺一不可，而学前教育资源投入和配置效率不仅体现为幼儿园园所的增加和入园儿童人数的增加，也体现为幼儿园是否可以为适龄儿童提供公平、有质量、家长放心和满意的教育。

《国家中长期教育改革和发展规划纲要（2010—2020年）》提出的20字工作方针中，"促进公平"和"提高质量"是很重要的两条，根据学前教育自身的特性和外部环境的客观要求，当前我国学前教育普及发展的基本方向之一应该是"促进公平、保障质量"。学前教育公平主要解决的是"有园入"的问题，而提高学前教育质量主要解决的是"入好园"的问题，虽然二者在逻辑上的差别明显，但是在实际操作中却是相辅相成的。"有园入"解决了系列教育机会均等的第一个环节的问题，即"入园机会均等"，是后续环节的前提和保障；"入好园"为适龄儿童提供有质量的、家长放心和满意的教育则是实现"入园"诉求的终极目标和根本之义（范明丽，庞丽娟，2013）。学前教育是国民教育体系中不可或缺的基本组成部分，发展学前教育是各级政府应当承担的社会责任，我国政府必须切实承担起促进学前教育公平和保障学前教育质量的重任，全面理顺学前教育管理的体制机制，明确各级政府和政府各部门之间的职、权、责、利划分，切实体现政府对学前教育健康发展的科学、高效管理，引导并保障学前教育事业公平、有质量地发展。

二、明确政府主导责任

我国的行政管理体制改革是随着经济体制改革而进行的，学前教育管理体制经历了从中华人民共和国成立初期计划经济体制下的"集中领导"到改革开放后"地方负责"的转变。尤其是自 20 世纪 90 年代以来，随着国家经济体制改革的深入推进，政府的经济与政治职能进一步分离，学前教育引入了多样化的办园投资主体。由于对学前教育公益性的认识不足，各级政府对学前教育的主导、支持职能逐步弱化，学前教育事业发展跌宕起伏。随着政府支持、引导、推进学前教育发展职能的弱化，一些人发现了学前教育蕴含的商机，并将社会资本投入其中，人民群众在公共学前教育资源严重不足的情况下，出于自身工作的原因和孩子接受学前教育的需要，不得不把孩子送进民办园甚至是"无证园"，进而自下而上地对学前教育管理体制产生了深远影响。可以说，学前教育的过度社会化和市场化已成为近几年来"入园难、入园贵"问题产生的重要原因之一。

事实证明，自上而下的强制性体制改革未能遵循学前教育事业发展的普遍规律，没能充分考虑社会公众对学前教育的客观需求，因此在实际操作过程中出现了很多问题。但是，仅依靠微观经济行为主体自下而上的探索来影响学前教育管理体制，并不能解决当前学前教育面临的问题。新制度经济学家道格拉斯·诺斯认为，"至于制度安排的形式，从纯粹自愿形式到完全由政府控制和经营的形式都有可能，而且这两个极端之间存在着广泛的半自愿和半政府的结构"（冷雄辉，2009）。

学前教育作为国民教育体系的基础和社会公共服务体系的重要组成部分，其公益性毋庸置疑，由政府主导学前教育事业发展具有单纯依靠市场难以比拟的益处。一方面，从跨国比较中获得的一种经验就是，人口统计学的改变作为一个促进因素，在政策实施中发挥了显著的作用。例如，出生率的增减、年幼儿童母亲工作的比例变化等，都会影响国家是否需要发展或者扩大学前教育服务，以及提供何种学前教育服务。鉴于此，政府是唯一一个在政策引导、规划发展、资源配置等方面具有得天独厚的权威性优势的组织，其作用是任何类型的组织都难以替代的。另一方面，加强管理、规范办园行为、加强幼儿园教师培养培训并依法落实其地位和待遇等方面的责任，必须而且只能由政府来承担。因此，明确政府在学前教育事业发展中的主导责任，不仅应该而且必要。要解决当前面临的"入园难"问题，需要就其行政管理进行政府主导下的需求诱致性体制变革，在深入调研的基础上明确、强化政府对学前教育事业发展的主导责任并保障落实，这也成为当前我国学前教育管理体制改革的重要方向之一。

三、实现政府职能转变

政府职能是指国家行政机关依法对国家和社会公共事务进行管理时应该承担的职责和所具有的功能，是公共行政本质的表现。西方社会政府职能的发展经历了马克斯·韦伯倡导的强调权力、效率和控制的理性科层制，以及强调服务、质量、创新、授权、激励和价值的后现代科层制。根据各国教育行政实践，国家管理教育的基本职能可以大致归纳为计划、立法、监督、经营、指导和服务六种（孙绵涛，1998）。强化这些基本职能中的一些而弱化另一些，就形成了一个国家教育行政管理的特色，其影响着政府在管理学前教育事业中所应承担职责和发挥功能的范围、程度。自改革开放以来，我国政府对学前教育事业的行政管理经历了从统一领导的行政计划式到通过政策、经济手段引导的宏观调控式的转变，但是由于对学前教育重要性的认识不足，在此过程中也经历了学前教育的社会化和市场化转向，一度导致学前教育行政管理出现缺位、错位、不到位的无序状态。

自2004年明确提出要"建设服务型政府"以来，建构公共服务体系、提供公共服务已经成为我国政府职能转变的基本目标与定位，成为公共服务型政府的最根本和最重要的职能。2006年，我国进一步提出要"以人为本"构建"和谐社会"，行政模式要逐步从"以政府为中心"过渡到"以满足人民需求为中心"，要努力构建公共服务型政府，这意味着政府要从过去聚焦经济扩展转到更为广阔的社会领域。在新的形势下，加强和优化公共服务理念，调整政府结构，转变政府职能，以满足日益扩大的社会公共需求，已经成为我国政府行政改革的核心。可以说，明确学前教育的公益性质和政府在保障学前教育事业健康发展中所应承担的责任，是一国学前教育事业得以健康发展的根本保障。目前，在我国的学前教育事业发展中，应该明确并不断强化政府主导责任，在实践中进行体制机制创新，合理借鉴科层制和后现代科层制的先进管理经验和理念，建立起计划、立法、监督、经营、指导和服务不同职能合理搭配的政府主导的学前教育事业发展模式。学前教育管理体制是保障政府管理学前教育职能得以实现的必要条件，学前教育管理体制的组织机构是否完备、职权责配置是否合理、运转是否顺畅、制度规范是否健全完善，直接关系到政府领导学前教育的职能能否充分履行。因此，明确政府发展学前教育的主导责任，实现其公共服务型政府的职能转变，是我国学前教育管理体制改革的基本方向之一。

四、合理配置权责，实现绩效管理

通常人们将政府的权力分为"事权"和"财权"。"事权"是指政府办事的权力和权限，是各级政府对于公共责任和权力的配置问题。在这里，责任分工是前提和基础，权力则是履行责任的必要条件和工具，因此，事权的主导方面不是权力划分，而是责任分工。"财权"是指在法律允许的条件下，各级政府负责筹集和支配收入的财政权力，主要包括税权、收费权及发债权。通常情况下，拥有财权的政府也拥有相应的财力，但政府拥有财力不一定拥有相应的财权。我国中央政府有促进区域均衡发展的责任，需要转移支付一部分财力给地方政府，因此其财权大于最终支配的财力，而地方政府的财力与其支出管理责任相一致，往往大于财权。政府的最佳运作机制是事权与财权大致匹配，地方政府各层级之间的公共服务职责和支出管理责任分别与其财权和财力相匹配。然而，在实践中我国不同层级政府之间事权和财权不匹配的问题突出，各级政府对学前教育事业发展的责任没有根本性的转变，学前教育事业发展的责任仍主要落在乡镇（街道）一级，未能随其财权变化而做出相应的调整，导致"小马拉大车"现象突出，影响了学前教育事业的发展。

在行政体制改革中，给予地方一定的自主权，一方面能调动地方的积极性；另一方面也能鼓励创新，有助于探索改革的新路径。为切实保障各级政府能够真正履行职责，需要按照事权与财权相匹配的原则对各级政府学前教育管理、服务等职责进行重新配置，并随着未来国家财政体制的渐进改革，不断对学前教育管理体制进行调整和完善。同时，为了保障学前教育事业发展财政性经费的合理使用，缩减管理成本，切实提高管理效率，也需要进一步改革和完善学前教育管理体制,尽量降低不同层级政府转移支付中的路径成本,避免管理漏洞。因此,在事权、财权相匹配的同时实现绩效管理,也是学前教育管理体制改革的基本方向之一。

五、改革分阶段、分区域逐层推进

我国学前教育事业发展存在区域发展不均衡的问题,主要表现为城乡发展不均衡、东中西部发展不均衡等,这种不均衡是由经济、社会、文化、历史、地域等多种因素累积造成的。比如,有研究专门以 2008 年我国 31 个省(自治区、直辖市)的学前教育发展数据为基础,根据学前三年毛入园率、生师比、专科及以上学历教师比例和生均教育经费指数等四项指标,采用聚类分析的方法研究了我国学前教育发展的水平和状况。研究结果表明,我国学前教育可以根据发展水平的不同分为四类地区:第一类地区仅包括北京、上海两地,其四项指标均远远高于其他三类地区;第二类地区主要包括辽宁、天津、江苏和浙江四个地区;第三类地区包括 9 个;第四类地区包括 15 个省(自治区、直辖市),第三类和第四类地区共占 31 个省级行政区的 77.4%,这充分表明了我国学前教育发展整体水平不高且不均衡的情况。如果将此项研究划分的结果与按经济发展水平和地理位置对我国东中西部地区划分的结果进行比较,可以发现,通过聚类分析得到的学前教育发展水平处于第一类和第二类地区的 6 个省级行政区均地处东部;第四类地区的 15 个省(自治区、直辖市)中则有 11 个地处中西部,在中西部地区的 20 个省(自治区、直辖市)中比例高达 55%,这充分说明我国学前教育发展水平在一定程度上也基本符合东部较高、中西部较低的情况。然而,也有特例,如山东、湖南、福建和广东四个省份虽地处东部,学前教育发展情况却不乐观,处于学前教育发展水平的第四类区域(崔方方,洪秀敏,2010)。

通过对我国 31 个省(自治区、直辖市)学前教育事业发展现状及其最新政策文件的分析可以看出,东、中、西部各地区提出的学前教育事业发展目标也体现出了东部相对较高、中西部相对较低的特点。此外,广东、四川、山东还根据本省不同地区经济社会发展水平的不同,进一步提出了本省中长期分区域的学前教育普及目标。① 相对而言，这样的目标设计是符合学前教育事业发展客观规律的。当前，我国正处于社会转型期，政府承担着重要的公共服务供给职责。各地的城市和农村经济、社会发展水平差距较大，东、中、西部地区的经济、社会发展水平和速度差异较大，因此学前教育管理体制设计需要综合考虑国家经济社会发展特定阶段的基本要求、不同区域的特点以及弱势群体的特殊需求，即体制方案设计宜根据短期、中期、长期等不同阶段的发展目标，综合考虑城乡、东中西部等经济社会发展水平不同的区域，分阶段、分区域逐层推进，并注意关注、照顾到弱势群体的特殊需求。

第二节 当前我国学前教育管理体制改革的制度设计

进行制度设计是一项复杂的工程，不仅需要客观地看待当下的问题，也需要明确新的制度设计是建立在已有议题之上，且相对客观地把握了基本发展方向。本部分虽然以"制度设计"为重点，但是也不敢说完全考虑到了学前教育不同层次的体系及其运行机制，如果能够抛砖引玉，让学前教育相关的研究者和实践者对此问题做更深入、更充分的讨论，则本研究就非无用之功。需要指出的一点，也是最为重要的一点是，正如教育部部长陈宝生在2019年全国教育工作会议上的讲话所言："全国教育大会召开之后，'深入抓、抓深入'是当前和今后一个时期的重大任务，是教育系统全部工作的基本要求。"② 结合我们在实践调研中所看到的和听到的，可以毫不夸张地说，在学前教育系列改革政策出台的基础上，狠抓落实成为政策落地至关重要的环节。总体来看，为了破解当前我国学前教育管理体制存在的主要问题，在科学把握学前教育管理体制改

---

① 如《山东省中长期教育改革和发展规划纲要（2011—2020年）》提出：到2015年，经济发达地区的学前三年毛入园率要达到85%以上，而欠发达地区达到这一目标的时间是2020年；《广东省中长期教育改革和发展规划纲要（2010—2020年）》提出：到2012年，全省学前三年毛入园率要达到85%以上，珠三角发达地区和地级市城区则需达到90%以上，到2015年全省学前三年毛入园率要达到90%以上，珠三角发达地区则需达到95%以上；《四川省中长期教育改革和发展规划纲要（2010—2020年）》提出：到2015年全省学前三年毛入园率达到70%，并进一步明确了经济社会发达地区达到92%，经济社会中等发达地区达到70%，经济社会欠发达地区达到50%的分区域目标；到2020年全省学前三年毛入园率达到75%，并进一步明确了经济社会发达地区达到95%，经济社会中等发达地区达到75%，经济社会欠发达地区达到70%的分区域目标。
② 搜狐网.陈宝生：落实 落实 再落实——在2019年全国教育工作会议上的讲话.http://www.sohu.com/a/292615834_284354 [2019-10-15].

革方向的基础上，可以主要从以下六方面着手进行改革。

一、全面理顺政府与市场的关系，明确、强化并落实政府主导责任

根据国际经验，目前世界各主要国家在学前教育的供应方面正在发生范式的转移，越来越多的领导者开始意识到一个简单且有力的道理，即"明天的质量依赖于我们今天如何为孩子们安排保育和教育"。从20世纪70年代早期开始，一直有迹象表明，在美国，政策对幼儿保育与教育的影响并不是很明显。主要问题包括：入学准备的质量差别很大，职员流动率很高，现存服务间的协调性不佳，育儿压力很大，只有有限的家庭可以参与高质量的项目。出现这种状况的根本原因是社会态度的问题。英国学者理查德·笛姆斯（R. Titmuss）称之为社会政策的剩余模式。这一模式的前提是：自由市场和家庭作为提供适宜资源以满足个人需要的渠道，只有在这一渠道崩溃的情况下，社会福利才会暂时性地起作用。因此，当越来越多的人意识到学前教育的重要意义和价值时，对涉及儿童和家庭的社会政策剩余型模式的控制将会变松（蒙·科克伦，2011）。对此，美国学者蒙·科克伦认为，"在通往高质量早期保育与教育的征途上，我们仍有很长的路，其中重要的一步就是引领政治取向，并对显著提高幼儿投资的固有价值观提供支持"（蒙·科克伦，2011）。基于此，对现阶段的我国来说，明确界定学前教育的性质和地位，厘清学前教育事业发展过程中政府和市场的关系，是明确政府主导责任的必要前提。自20世纪80年代以来，新公共管理理论认为，政府的管理职能是"掌舵"而不是"划桨"，按照"小政府、大市场"的管理理念，市场机制应该在资源配置的过程中发挥基础作用，政府则通过宏观调控政策来引导市场有序运转。然而，当涉及教育、民生等重大问题时，政府则需要在宏观调控的同时承担起保障基本公共服务供给的职责。因此，在学前教育事业发展过程中理应树立和遵循"法制政府""督导政府""评估政府"的教育行政管理理念，强化、明确政府的主导责任，并切实保障政府职责的落实。因此，建立政府、社会、市场三方力量合理配置的供给机制，城乡统筹、公办与民办一体的财政投入机制，管理与服务一体的监管机制，明确政府在学前教育事业发展中的整体职能定位与权责边界划定，是学前教育管理体制中各级政府权责配置的基础，其主导责任应体现在以下几个方面。

第一，加快学前教育立法进程。学前教育具有强正外部性、高回报性、基础性和补偿性等特征，是以公益性为根本属性的准公共产品，将学前教育纳入公共服务体系是现代政府的重要职能和责任。但是，当前我国学前教育事业发展面临诸多问题，如行政管理力量严重不足、经费严重匮乏、教师的地位和待遇无保障、社会力量办园缺乏有效规范等。专门法规缺失严重已经成为制约我国学前教育事业健康、稳定和有序发展的最大瓶颈，亟须政府切实承担起其应尽的职责，提升学前教育立法层次，加快学前教育法的制定（庞丽娟，韩小雨，2010）。2018年8月，中共中央批准了十三届全国人大常委会立法规划，其中学前教育法是立法规划第一类项目中唯一的教育类项目，中国学前教育立法自此进入快车道。目前，我国正在抓紧研究制定学前教育法，以为学前教育事业健康、有序、可持续发展提供强有力的法律保障。

第二，出台并加强学前教育政策指导。政府的主导责任首先体现在通过制定政策引导学前教育事业发展，但政策制定只是第一步，提高行政执行力，保障政策落到实处，才是政府主导责任落实的关键。自2010年下半年以来，中央陆续出台了《国家中长期教育改革和发展规划纲要（2010—2020年）》《国务院关于当前发展学前教育的若干意见》《中共中央 国务院关于学前教育深化改革规范发展的若干意见》等政策文件，并专门召开全国学前教育电视电话会议部署全国的学前教育工作，充分体现了中央政府的主导责任。目前，各地"十三五"发展规划、中长期教育规划纲要和三期学前教育专项行动计划已经陆续出台并有序实施，中央和省级政府尤其要加强政策指导并保障落实，派出督导团指导检查，使地方各级政府及其职能部门充分领会政策文件精神，避免出现"以政策贯彻政策，以会议落实会议"的情况。

第三，规划学前教育整体布局。各级政府应该把学前教育作为社会基本公共服务体系的一部分纳入经济社会发展总体规划、城镇建设总体规划和社会主义新农村建设规划中。同时，应根据各地人口数量、结构、分布和流动等，在科学的人口测算基础上坚持"就近入园"原则，对公立或公立性质的幼儿园进行合理布局，并通过政策引导和审批把关，将社会力量办园纳入科学规划。城镇小区配套建设幼儿园是城镇公共服务设施建设的重要内容，是扩大普惠性学前教育资源的重要途径，是保障和改善民生的重要举措。2018年11月，《中共中央 国务院关于学前教育深化改革规范发展的若干意见》提出，规范小区配套幼儿园建设使用，并对小区配套幼儿园规划、建设、移交、办园等情况进行治理做出部署。2019 年 1 月,《国务院办公厅关于开展城镇小区配套幼儿园治理工作的通知》印发,并专门组织了教育部 2019 年首场新闻发布会解读文件相关精神。与此同时,住房和城乡建设部的建筑节能与科技司以及教育部的基础教育司也分别就开展城镇小区配套幼儿园治理工作总体情况进行了介绍。

第四,加大学前教育财政性投入。在我国的教育财政性经费总量中,学前教育财政性经费所占比例过小,2010 年之前仅占 1.2%~1.3%,且多来年徘徊不前,难以从根本上支撑学前教育事业的发展(庞丽娟,韩小雨,2010)。《国务院关于当前发展学前教育的若干意见》中明确提出,要通过多种渠道加大学前教育投入[①],这些都离不开政府主导责任的切实保障和落实。2011 年,财政部和教育部联合印发的《关于加大财政投入支持学前教育发展的通知》指出,要"充分认识财政支持学前教育发展的重要性和紧迫性",明确"支持学前教育发展是公共财政的重要职责",并要求"各级财政部门要切实加大学前教育财政投入,积极配合教育等部门,进一步完善体制机制,推进综合改革"。2018 年,《中共中央 国务院关于学前教育深化改革规范发展的若干意见》也进一步强调了要从"优化经费投入结构""健全学前教育成本分担机制""完善学前教育资助制度"三个方面健全经费投入长效机制。

第五,建立公办、民办并举的办园体制。在举办幼儿园方面,政府也应发挥其主导作用。首先,在中西部、农村和城市弱势人群集中地区,政府应该大力发展公办或公办性质的幼儿园,向公众提供"广覆盖、保基本、有质量"的基本学前教育公共服务。其次,政府应该积极引导社会力量办园向普惠性方向发展,进一步完善普惠性民办园认定标准、补助标准及扶持政策,并通过购买服务、综合奖补、减免租金、派驻公办教师、培训教师、提供教研指导等方式,支持普惠性民办园的发展。最后,在保障上述两点的基础上,政府也可以允许私立高收费幼儿园按照市场规律运转。当然,在具体的办园比例方面很难确定统一标准,政府在制定规划时可以根据各地具体情况具体分析,原则上应与社会结构相匹配。

此外,政府的主导责任还体现在:完善师资培养培训体系,加强公办与民办园所之间的师资交流;加大转移支付力度,促进区域平衡;建立健全弱势扶助机制,关注留守儿童和流动儿童等弱势群体,保障每一个儿童都享有入园机

[①] 刘占兰. 建立健全体制机制 加快学前教育发展 [EB/OL]. http://news.163.com/10/1207/17/6NALV30100014JB6.html [2012-04-05].

会;提供学前教育信息服务,促进科学育儿观的形成;等等。同时,要明确认识到,政府主导不仅仅体现在"政府办园"或"政府出钱"上,而是要在学前教育事业发展中统筹规划,协调政府、社会、市场等多方面的关系,在保障学前教育基本公共服务的基础上,营造一种良好、公正的市场秩序(图6-1)。

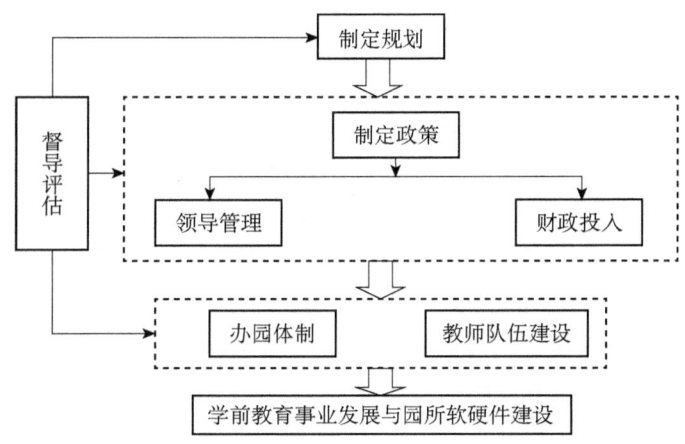

图 6-1 政府主导发展学前教育的责任关系图

二、明确各级政府责权关系,整体提升责任主体重心

目前,我国实行五级政府行政管理体制,从上到下依次是中央、省(自治区、直辖市)、地市、区县、乡镇(街道)。五级政府行政管理体制存在着结构不合理、权责脱节、协调不力、运行不畅、效率低下、成本偏高等问题(石亚军,2008)。在国家"十一五"规划中,完善财政体制内容的部分也提到理顺省级以下财政管理体制,有条件的地方可以实行省级对县的管理体制。[①] 如果未来我国推行省直管县的行政区划改革,那么在当前的管理体制改革制度设计中,就应当及时抓住中央、省(自治区、直辖市)、县三级政府之间的职、权、责、利关系调整这一重点,以适应未来改革的需要。我国学前教育实行"地方负责,分级管理"的体制,在相当长的一个时期内,学前教育行政管理的重心主要落在乡镇一级。从当前的我国中央和省级相关政策文件中可以看到,学前教育管理重心逐渐上升到县一级。因此,借鉴义务教育管理体制改革经验,在加强中央政府立法、统筹、指导责任的同时,完善"地方负责,分级管理"体制,将

---

① 人民网. 减少行政层级与形成三级政府架构[EB/OL]. http://theory.people.com.cn/GB/68294/120979/120981/7218500.html[2011-03-05].

"全通式分权"改为"半截式分权"(孙绵涛,1998),即中央只把学前教育办学权下放到县一级,由县级政府对本地区的学前教育实行统筹管理,并适当把人、财、物及业务管理权集中在这一层级上。明确"国务院领导、省市统筹、以县为主"的学前教育管理体制,既有利于中央宏观调控,也有利于地方因地制宜地发展学前教育。

发展一个全国性幼儿教育系统的起始点应是确立一系列明确的政策目标,而且落实目标的项目必须能反映并指导社会的根本价值观。每一个社会都应建立一系列属于自己的政策目标,明确说明特定组合的价值观,它们共同组成了指导实践者的道德和伦理框架(蒙·科克伦,2011)。根据学前教育的准公共产品属性,公益、普惠应该是学前教育的终极价值追求,基于此,学前教育管理体制改革需要确定各级政府的责任,明确中央和地方政府的权责划分,真正做到统筹有力、权责明确,尤其是要注意加大省级政府对省域内学前教育事业的统筹权和县级政府对县域内学前教育事业的管理权。具体来说,各级政府的职责可以划分如下。

第一,中央政府应该切实承担提供全国性法规政策的职责,及时推动全国人民代表大会制定出台学前教育法,并完善学前教育相关法规、政策,为学前教育事业发展提供根本性制度保障;推动学前教育财政投入体制改革,在教育财政预算中将学前教育事业经费单独列项,明确比例,保证新增教育经费向学前教育倾斜,并加大对中西部贫困地区和农村学前教育事业发展的政策与经费扶持力度;明确幼儿园教师属于基础教育教师的身份,依法落实幼儿园教师编制这一核心和关键性问题,保障其享有与中小学教师同等的地位和待遇;健全学前教育督导制度和评价系统,对各省(自治区、直辖市)的学前教育事业发展进行全面视察、督促和指导,从宏观上引导学前教育事业发展的方向,推进学前教育在全国范围内的普及发展。

第二,省级政府负责根据中央的相关法规、政策和宏观规划,加强对本省学前教育事业的统筹管理,制定全省学前教育事业发展规划及相关政策并指导实施;明确本省学前教育财政投入比例并保障落实,在此基础上设立专项经费,扶持农村贫困地区和落后地区学前教育事业发展,保证学前教育事业发展的省域内平衡;加强幼儿师范教育,制定在职教师培训、资格考核标准和方法,为学前教育事业发展培训管理人才和师资队伍;建立学前教育督导机构,对本省学前教育进行全面的视察、督促和指导。

第三，地级市政府应因地制宜、区别对待。在中、西部一些辖区较大或区县较多的省份，地级市政府要充分发挥其承上启下的行政管理功能，帮助省级政府减轻管理的压力；部分东部省份（如浙江）则可以尝试建立试点，省直管县，减少管理层级，提高管理效率。

第四，县（区）及县级市政府应承担起县域学前教育管理的主要责任，负责贯彻和落实中央、省（自治区、直辖市）、市有关学前教育的方针、政策，并依据中央和省（自治区、直辖市）相关法规、政策、规划，制订本辖区的学前教育事业发展具体计划，同时负责组织实施法规、规划及各项规章制度，统筹管理本辖区的学前教育；在中央和省级财政的支持下，筹集、分配和管理县域学前教育事业发展经费，不断规范经费使用的管理和审核制度；制定本辖区学前教育事业发展规划，科学调整幼儿园布局，负责辖区内各类学前教育机构的设置、审批、管理和停办；大力建设公办园，引导和扶持民办园，将小区配套幼儿园和乡镇中心幼儿园统一建制与管理；建立县域幼儿教师人才资源库和教师业务档案，负责全县公办幼儿园园长和教师的管理、调配，并逐步把民办幼儿园园长和教师纳入其中，以保障幼儿教师的合法权益；对全县学前教育教学和科研工作进行管理和业务指导，对学前教育普及进行督导和评估，促进本辖区学前教育事业健康、有序、快速发展。

第五，提升学前教育责任主体重心后，乡镇政府和街道办事处的职责不能弱化。尤其是乡镇政府要继续承担起发展农村学前教育的责任，在贯彻和执行县级政府管理的基础上，具体负责本乡镇各类学前教育机构的安全监管、场所设施、业务指导等工作，有条件的乡镇还要继续筹措经费，不断改善办园条件和提高教师工资待遇。此外，乡镇教育部门还应该承担起"协调、沟通机构"的角色，负责协调县—乡—村三级管理机构之间的关系以及乡镇政府与县教育部门之间的条块关系。

总之，全面理顺中央与地方、省（自治区、直辖市）与市、县之间的关系，是学前教育管理体制改革需要着重解决的问题。在纵向关系上，各级政府在学前教育管理职责上应逐步由宏观趋向微观，在此过程中要合理划分各个层级政府的财权、事权和决策权。具体而言，在省（自治区、直辖市）与市、县的关系上，应该适当扩大县级政府在县域经济社会和学前教育发展方面的权限，为其承担学前教育主要管理职责提供保障。在市与区的关系上，要按照"两级（市、区）政府、三级（市、区、街办）管理、四级（市、区、街办、社区）落实"

的行政思路，抓紧研究和制定城市发展规划，建设、管理并切实加强社区的服务功能，加快从市级政府向区级政府的放权，完善区和街道的功能。在县与乡镇的关系上，应该在加强县域统筹规划、集中管理的基础上，全面落实乡镇的职责权限，保障乡镇学前教育管理责任不缺位和落空（图6-2）。

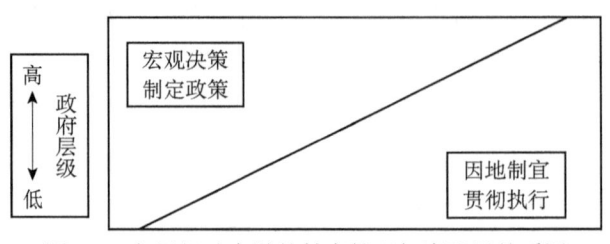

图 6-2　各层级政府学前教育管理权责配置关系图

三、全面理顺相关部门职责，建立"政府牵头、教育部门为主"的联席会议制度

虽然管理教育主要是教育行政部门的事，但绝不仅仅是教育行政部门的事，而是整个国家的重要职能之一。学前教育是一项关系到规划、建设、财政、人事、教育、卫生等多部门的公益事业，学前教育事业发展中面临的诸多问题往往涉及多个部门的职责，需要各部门协调合作加以解决。在政府各部门之间的横向关系上，要进一步明确规定其各自的职责，合理划分其各自的管理权限，并建立起相互协调和配合的机制。尽量一件事情由一个部门负责到底，整合相同或相近的行政职能，避免"管理多头，政出多门"的问题。对于确实需要几个部门协调共管的事务，应该遵循统一管理与分级、分部门管理相结合的行政原则，明确主管和协管关系，建立健全协调合作制度，充分发挥各相关部门的职能作用，逐步建立起办事高效、运转协调、行为规范的学前教育管理体制。

2010年11月出台的《国务院关于当前发展学前教育的若干意见》提出了"各级政府要加强对学前教育的统筹协调"，"健全教育部门主管、有关部门分工负责"的工作机制，并进一步规定了教育部门、机构编制部门、发展改革部门、财政部门、城乡建设和国土资源部门、人力资源和社会保障部门、价格部门、综治和公安部门、卫生部门、民政、工商、质监、安全生产监管、食品药品监管等部门，以及妇联、残联等单位的具体职责。从相关部门的组成及其职能定位来看，该意见中的规定相比2001年的《国务院关于基础教育改革与发展的决定》更契合当前学前教育事业改革发展的需要。在此基础上，还可以进一步理顺相关部门的职责，设立涉及各相关部门的高位协调机构，完善部门间的协调合作机制，通过学前教育领导小组和联席会议制度重点解决学前教育事业发展中的难点问题。

借鉴1979年成立国家托幼工作领导小组的经验，笔者建议在中央和地方政府的直接领导下，由政府一把手或政府分管教育的领导牵头召集，由政府分管教育的领导或教育行政部门一把手担任组长，成立长期、有效的学前教育工作领导小组，作为协调各部门共同工作的高位领导机构。同时，建立由各级政府分管教育的领导或教育行政部门一把手召集，教育部门、综合改革部门、发展改革部门、规划部门、城乡建设和国土资源部门、财政部门，以及妇联、残联等单位共同参与的定期联席会议制度，多部门协调发挥管理合力，着力解决学前教育事业发展中面临的难点问题。其中，尤其应该注意确立教育部门在部门协调机制与联席会议制度中的主导权力，加强学前教育的教育部门归口管理制度建设。

第一，教育部门主要承担与学前教育事业发展直接相关的职责，如负责贯彻学前教育方针、政策，拟订有关行政法规、重要规章制度和学前教育事业发展规划并组织实施等。尤其是学前教育机构的审批管理权限，应该主要集中到教育行政部门手中，做到"批管统一"。

第二，综合改革、发展改革以及规划部门应该将学前教育事业发展纳入本地区的国民经济和社会发展总体规划中，配合教育部门研究决定学前教育改革发展中的规划、布局以及规模问题，并制定相应的政策和措施，支持幼儿园的建设和发展。

第三，城乡建设和国土资源部门应该切实落实城镇小区和新农村配套幼儿园的规划用地。城乡建设部门在组织托幼园舍设计方案审查时，须邀请县级或县级以上教育行政部门参加，并在出让土地前明确配套幼儿园的建设规模、标准、所有权属和建设时序；在出让土地时根据学前教育设施布点规划，以教育用地划拨作为土地竞拍的前置条件安排好幼儿园用地。同时，幼儿园须与城镇住宅小区、新农村建设项目同步规划、同步建设、同步验收、同步交付使用。

第四，财政部门要加大投入，保障学前教育经费单项列支，明确比例，要求新增教育经费向学前教育倾斜，并负责设立学前教育专项经费，积极采取措施建立和完善学前教育资助制度，保障低收入家庭子女接受学前教育的权利和机会。

第五，机构和人事编制部门须加强对学前教育管理机构设置的合理性与必要性的论证，完善学前教育管理机构设置和人员编制，并加强对幼儿园教师编制的管理，指导落实幼儿园教职工编制的核定和补充工作。人力资源和社会保障部门必须加紧制定幼儿园教职工的人事（劳动）、工资待遇、社会保障和专业技术职称（职务）评聘政策，并切实保障其落实。

此外，财政、价格和教育部门要会同政府相关部门根据其各自的职责分工，研究制定公办幼儿园的生均经费标准和生均财政拨款标准，并据此制定幼儿园收费管理办法和公办园收费标准，加强对民办园收费的管理。综治和公安部门要加强对幼儿园安全保卫工作的监督与指导，建立全覆盖的幼儿园安全防护体系，整治、净化园所周边环境。卫生部门要监督和指导幼儿园的卫生保健工作。民政、城管、审计、税务、工商、质检、安全生产监管、食品药品监管等部门，以及妇联、残联等单位也都要根据其各自的职能分工，加强对幼儿园的指导和管理。

需要说明的是，根据2019年1月25日发布的《民政部职能配置、内设机构和人员编制规定》，改革后的民政部内设机构新增了"儿童福利司"，主要负责"拟订儿童福利、孤弃儿童保障、儿童收养、儿童救助保护政策、标准，健全农村留守儿童关爱服务体系和困境儿童保障制度，指导儿童福利、收养登记、救助保护机构管理工作"。我国要避免美国曾经出现的"对有幼儿家庭的援助体系逐渐与其他体系脱离"（蒙·科克伦，2011）的问题，在管理体制改革过程中需要更加注重政府层面的总体协调和职能部门间的密切协作，在基层管理和实践中注重儿童教育和保育的融合，形成项目统一体，避免出现"上面千条线，下面一根针"的问题。

按照分级管理的原则，中央和省级政府各职能部门要进一步加强其宏观管理职能，弱化微观管理职能，尽量减少具体的审批事务。同时，各部门之间要建立起有效的教育行政信息沟通模式，并与各级政府之间的科层结构相结合，形成上通下达、横向协调、优质高效的学前教育矩阵管理结构。政府相关职能部门分工协作机制如图6-3所示。

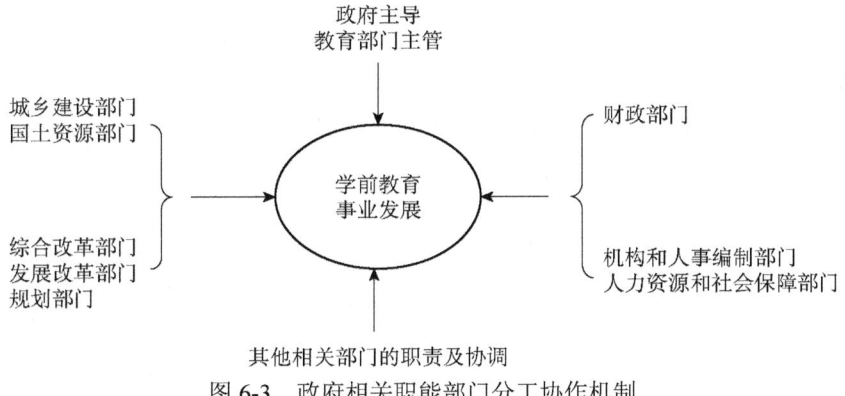

图 6-3　政府相关职能部门分工协作机制

四、健全组织管理机构，合理配备管理人员

教育行政组织机构是教育行政权力的载体和教育行政管理活动的主体，规划着全国各地区的教育事业（史万兵，2005），合理设置学前教育行政组织机构是实现学前教育科学管理的有力保障，而合理配备管理人员则是使管理机构高效运转的关键要素。我国学前教育行政组织机构一般设在各级政府教育行政部门内部，是其中一个重要的职能部门。自中华人民共和国成立以来，我国逐步建立了学前教育行政组织管理机构体系，并配备了相应的管理机构。中央一级主要是教育部基础教育二司幼教处，省级主要是教育厅基础教育处幼教科，地市一级主要是教育局幼教科，区县一级主要是教育局幼教办（股），乡镇一级主要是幼教股等。在实践过程中，尤其是 20 世纪 90 年代以后，随着经济体制转型和教育管理体制改革，我国学前教育发展过程中的矛盾、问题不断涌现，学前教育行政管理的责任成倍增加，但是学前教育行政组织管理机构撤并却较为严重，管理人员配备不到位，政府行政管理力量相当薄弱。据调查，自 1998 年以来，国家层面负责领导全国学前教育的教育部幼儿教育处编制只有 2 人，实际在编专职人员仅有 1 人；31 个省（自治区、直辖市）中除北京和天津还保留学前教育管理机构外，其他 29 个省级行政区陆续在机构改革中撤并了学前教育处，只设一名专职或兼职管理干部，而且绝大多数干部身兼数职；特别是到了县一级和乡镇一级，管理力量更加薄弱，难以有效履行学前教育基本的管理职能。[①]

随着政府对学前教育重要性的认识日益深入，基本普及学前教育成为国家

---

① 庞丽娟. 2006. 关于加快学前教育立法的议案. 内部资料.

中长期教育改革和发展的重要目标。健全学前教育行政组织机构、合理配备管理人员、优化管理成为学前教育普及目标实现的重要保障。在进行学前教育行政组织机构设置和人员配备时，应该遵循依法设置、按需设置，完整统一、合理分权，精简机构、事权对应，以及稳定性与变动性相结合的原则（史万兵，2005）。第一，应该依据《中华人民共和国宪法》《中华人民共和国地方各级人民代表大会和地方各级人民政府组织法》，以及《地方各级人民政府机构设置和编制管理条例》等相关法律规定，结合地区性法规政策，按照地方学前教育事业发展的需求和管理难度、幅度来设置学前教育行政组织机构并配备人员。第二，我国实行"地方负责、分级管理"的学前教育管理体制，因此学前教育行政组织机构设置和人员配置应该在完整统一的基础上，遵循合理分权原则，在中央支持、省市统筹的基础上，把学前教育管理责权主要放在区县一级政府。第三，精简、增效是我国行政体制和机构改革的重要方向，但是我们应该明确"精简"不能等同于"精减"，"精简"一方面是指不设不必要的机构，另一方面是指要保留高效能的机构，增设、扩大必要的机构和人员。显然，目前我国学前教育行政组织面临的不是机构臃肿，而是必要机构设置不健全的问题。因此，应该在五级政府行政体制中增设学前教育行政机构并配齐管理人员，尤其是要增强中央、省（自治区、直辖市）、县三级学前教育管理机构和人员设置的合理性与高效性。第四，学前教育管理机构设置和人员配备需要有一定的稳定性，不能轻易变动，但同时又需要考虑内外部条件的变化，根据长远目标做出相应的调整。当前我国学前教育行政管理力量严重不足，应该在依法、科学增设的基础上，注意保持机构和人员的稳定，但同时也允许其随着学前教育事业发展的变化进行相应调整。北京市顺义区在"九五"期间健全了学前教育管理机构设置，成立了学前教育中心统管全区的学前教育事业发展，并建立起行政管理和业务指导两个系列（北京市顺义区教育委员会，2004），大大加强了学前教育行政管理力量，这可以作为学前教育管理体制改革的经验，为我国同级学前教育管理机构分类设置提供了启示。

五、完善行政决策机制，整体提升幼儿教育行政部门地位，实现专业化管理

我国学前教育事业发展经历了跌宕起伏的过程，其中一个突出问题是改革

方向不明确，不少地方政府和教育行政机构违背学前教育事业发展规律，用错误的发展观和教育观领导学前教育改革和发展，阻碍了学前教育事业的健康发展。导致上述问题的原因是多方面的，但其中一个非常重要的内因就是当前部分地区学前教育行政组织机构不健全，导致出现无人管理、其他部门代为决策等问题；而另一些地区虽然建立了幼儿教育行政管理部门，但幼儿教育行政管理部门和幼儿教育专业管理人员难以进入学前教育改革决策层或在决策机制中的地位过低，无法凭借专业知识和经验影响决策，以保障决策科学化，从而出现了外行领导内行，学前教育决策忽视了学前教育的性质、地位、功能、价值，背离了学前教育发展规律的价值导向危机。为保障学前教育管理体制改革方向正确、决策科学，能够真正起到通过改革保障学前教育事业健康发展的作用，则需要完善行政决策机制，实现学前教育行政专业化，整体提升幼儿教育行政部门和专业幼儿教育行政人员在决策机制中的地位。

专业化管理是科层制的内在要求，现代科层制的创始人马克斯·韦伯曾特别提出，要改变行政首长的非专业化现象。当前，教育官员的专业化已成为发达国家教育行政事业的发展趋势之一，并已形成一套比较完善的管理体制（赵银生，2008）。我国的行政体制包括学前教育行政体制具有科层制的突出特征，加快学前教育行政管理人员专业化改革、实现专家治理，既是科层制的内在要求，也是改革和完善学前教育管理体制的现实需要。第一，理顺部门职责，加强人事行政部门、教育行政部门等多部门协作，加快学前教育行政管理人员的专业化进程，建立起真正能够保障学前教育行政管理人员专业化的选拔和任用体制；第二，出台相关法规，明确规定学前教育行政管理人员胜任工作必须具备的学前教育管理知识、技能，具有一定年限的学前教育行政管理经历或者幼儿园教学经历，以及学位、学历、职称等方面的资格，严把干部选拔和任用关，实现"内行管理"；第三，加强干部考核评价制度改革，促进干部不断加强自身的专业化建设，同时积极督促干部真正发挥出其专业优势，保障教育行政的专业化和科学性；第四，健全和完善学前教育行政管理队伍培训制度，储备专业的管理人才资源。

专业化的管理队伍是基础，只有为专业管理人员提供"用武之地"，才能真正发挥专家治理的优势，实现学前教育管理决策的专业化和科学化。因此，在学前教育管理体制改革中，还应该做到以下几点：第一，建立健全各级学前教育行政管理机构，保障学前教育事业发展有机构，机构运行有人员；第二，改革教育行政决策机制，整体提升学前教育行政部门与人员的行政级别，明确学前教育行政部门与人员在学前教育行政决策中的主导权力与职责；第三，完善决策程序，保障学前教育行政部门与人员能够平等、有效地参与到当地学前教育事业发展的各项行政决策中。

此外，我们还可以借鉴一些西方国家在行政体制改革中的经验，建立专业的行政体制改革领导、管理、监管机构，以保障改革决策的科学性、改革过程的合法性和改革目标的实现，全面推动我国学前教育管理体制改革。总之，专家治理与整体提升幼儿教育行政部门在决策机制中的地位，既是学前教育管理体制改革的应有之义，又是确立正确改革方向的重要保障。

六、健全督导评估体系，保障行政部门切实履职

健全督导评估体系既是学前教育管理体制改革的重要目标和内容，也是学前教育管理体制改革的重要保障。督导制度包括督政和督学两个方面。督政制度是保障各级政府和政府各部门切实履行职责，保障学前教育事业有序、健康发展的关键，也是促进政府职能转变，加强对学前教育宏观调控的有效手段。当前，我国可以主要从完善学前教育督导体系、健全学前教育评估机制入手，保障行政部门切实履职。

第一，加快督导评估法规体系建设。首先，中央政府应切实承担起提供全国性法规政策的职责，尽快制定出台专门的学前教育督导评估法规或在教育督导评估法规中将学前教育单列条款、重点说明，并将建立学前教育督政体系列入学前教育立法保障范畴和全国教育督导范畴，建立国家督导团定期或不定期对省级政府发展学前教育的职责进行督导、视导的制度；其次，省（自治区、直辖市）市、县政府应根据全国学前教育督导法规建立健全辖区内学前教育督导考核的政策和制度，切实对地方各级政府发展学前教育的职责进行督导考核，并赋予一定权重，将其纳入对相关领导政绩考核范畴之列，作为领导干部奖惩、升降的重要依据之一。2012年2月，教育部印发的《学前教育督导评估暂行办法》规定："督导评估工作由国家教育督导团组织实施"，"督导评估对象为地方人民政府"。其要求"省级要建立学前教育发展督导评估与年度监测制度"。该文件还要求"省级人民政府教育督导机构负责每年对所辖市（地）、县学前教育

发展状况进行监测统计,并组织对所辖市(地)、县人民政府落实学前教育三年行动计划情况进行督导检查"。这在一定程度上为学前教育的督政工作提供了指导和支持,是我国学前教育事业发展过程中的一大进步。

第二,健全和完善督导与评估内容指标体系。随着《学前教育督导评估暂行办法》下发的还有附件《学前教育督导评估指标体系》,这个指标体系包含政府职责、经费投入、园所建设、队伍建设、规范管理和发展水平6个一级指标,6个一级指标之下又细分为22个二级指标。这个指标体系将幼儿园规划和建设情况,学前教育三年入园率,学前教育质量提升,学前教育经费投入与筹措,幼儿教师队伍建设、稳定和提高等内容,以及地方政府督政工作开展情况列入各级政府教育督导内容。这对于充分发挥督政的作用,促进各级政府及教育行政部门切实加强对幼儿园的领导,全面贯彻国家和地区关于学前教育工作的方针、政策,始终坚持科学、正确的办园方向,加强对幼儿园的宏观管理,全面提高学前教育质量,确保重点工程、难点任务落到实处,起到了一定的作用。目前,在各地实践中,对于一些可量化的指标,如学前三年毛入园率、城镇和农村公办幼儿园比例等相对容易操作,但是对于一些不可量化的指标,如保教质量提升、社会满意度提高等则难以操作,甚至在一定程度上流于形式。在调研过程中,我们发现有的地区采用督导评估与媒体结合,并将督导结果向社会公示的方法来开展工作,取得了一定成效。在今后的改革探索中,一方面,政府需要不断健全和完善督导评估指标体系,尤其是结合实际工作中的问题总结、提炼地方经验;另一方面,也要注意督导评估指标体系与其他学前教育政策联系融通、与时俱进,形成一套有机结合的政策体系。

第三,健全督导评估机制,尤其是督政机制。2012年,《学前教育督导评估暂行办法》颁布的主要目的就是督政,只是由于印发主体是教育部,因此主要由各级教育行政部门组织实施。在今后的改革探索中,可以将学前教育作为民生工程,尝试将学前教育督导评估纳入政府牵头的督导范畴。此外,还可以从以下三个方面加强督政效果。首先,建立干部任期目标责任制。各级政府与教育行政部门逐层与下级政府和教育行政部门签订责任状,分层、分类制定发展目标,定期进行责任考核,并将考核结果作为干部评优、晋职(级)的重要指标之一。其次,不断完善督政运行机制。健全定期督导、专项督察程序与评估制度,建立督导考核结果向社会公开的制度和督导考核激励机制与问责机制,保证学前教育督导评估工作的规范运行,并发挥督导评估的激励作用与规范和约束作用。最后，加强学前教育执法体系建设。建立部门联合执法机制与制度，建立学前教育执法责任体系，以保障各级政府依法履行发展学前教育的职责。

总之，当前我国学前教育管理体制改革要大力推进学前教育督导创新，不断完善学前教育督导评估体系，着力加强学前教育事业发展保障机制的建设。

结　语

　　本书以公共供求关系的基本理论为依据，在政府治理模式转型的大背景下，以公共服务型政府建设为基本视角，综合运用文献法、访谈法、个案法等多种研究方法，采用理论探讨与实证研究相结合、问题分析与对策建议相结合的方式，围绕当前我国学前教育管理体制改革中的政府职能定位、各层级政府及其相关职能部门间的权责划分，学前教育管理机构设置及其人员配备，学前教育督导评估体系建设等问题进行了分析和探讨，取得了一些研究成果。然而，由于学前教育管理体制改革本身的宏观性和复杂性，研究涉及的内容较广，加之个人精力、理论积淀等主客观因素的限制，本书尚存在一些不足之处。基于对整个研究过程及其结果的反思、分析，本书还需从以下方面进一步完善。

　　第一，学前教育管理体制是整个社会系统的重要组成部分，受其所在的社会环境、文化背景、意识形态等外部关系的影响，同时也受到政府自身改革意愿、观念意识等内在因素的制约。对学前教育管理体制改革的动因和影响因素进行分析，需要具有政治学、行政学、社会学乃至经济学等学科的知识。由于笔者的学科背景和时间、精力所限，本书的研究对学前教育管理体制改革的深层因素的分析尚不够深入，尤其是对世界主要国家学前教育管理体制改革的背景和动因的分析在后续研究中有待进一步加强，并争取在跨学科的宏观视角下进行分析。

　　第二，我国学前教育管理体制改革的方向与制度设计主要是基于当前政府治理模式转型的背景提出的，本书在进行国际经验借鉴和地方探索的分析时，从理论上应该关照到世界主要国家和我国个案地区的政府治理的具体模式，然而由于学科积累和时间、精力所限，本书未能就此类问题进行更深入的分析，尤其是在国际经验研究中，这部分的分析尤为薄弱。因此，在今后的拓展和延伸中，可以就国际学前教育管理体制改革这一主题进行专门、系统、深入的分析和探讨，为有效推进我国学前教育管理体制改革提供更加坚实的基础。

第三，根据进度安排，本书综合运用了文献法、访谈法和个案法等多种研究方法，力图逐层深入、相互补充、彼此印证。然而，受到个人能力、精力，以及现实条件的限制，本书选取的个案样本只有省级、地市级和县级各一个，且集中在东、中部，有待进一步扩展，如可以在东、中、西部发展程度不同的地区选取更多具有代表性的样本。此外，访谈对象的类别和数量有待进一步扩充，如目前访谈的行政管理者多集中在教育行政部门，而对发展改革部门、财政部门、机构编制部门、人力资源和社会保障部门、国土资源部门、住房建设部门和规划部门等的行政管理人员的访谈数量不多，访谈对象的代表性有待加强。

第四，研究的深度有待进一步加强，如对三个个案地区可以进行更为深入、细致和全面的挖掘，在增加个案数量后，可以就同层级的个案进行对比分析等。总之，在后续的完善中有待更充分地发挥研究方法的综合功能，力求进一步把研究做深、做实。

参考文献

B. 盖伊·彼得斯. 2001. 政府未来的治理模式 [M]. 吴爱明, 夏宏图, 译. 北京: 中国人民大学出版社.

北京师范大学管理学院, 北京师范大学政府管理研究院. 2011. 2011 中国省级地方政府效率研究报告——新公共管理视野下中国省级地方政府的投入与产出 [M]. 北京: 北京师范大学出版社.

北京师范大学管理学院, 北京师范大学政府管理研究院. 2012. 2012 中国省级地方政府效率研究报告——消除社会鸿沟 [M]. 北京: 北京师范大学出版社.

北京市顺义区教育委员会. 2004. 大力提升学前教育整体水平 [J]. 幼儿教育, (1): 15.

本杰明·莱文. 2004. 教育改革——从启动到成果 [M]. 项贤明, 洪成文, 译. 北京: 教育科学出版社.

彼得·J. 西波尔特. 1990. 1985 年《中共中央关于教育体制改革的决定》与促进社会进步的教育//南京大学高等教育研究所. 当代教育发展的重大课题——教育与社会进步中外学者研讨会论文集 [C]. 南京: 南京大学出版社: 342-365.

蔡迎旗. 2006. 国外幼儿教育财政资金的配置类型、政策及其启示 [J]. 上海教育科研, (9): 12-14.

蔡迎旗. 2007. 幼儿教育财政投入与政策 [M]. 北京: 教育科学出版社.

蔡迎旗, 冯晓霞. 2004. 论我国幼儿教育政策的公平取向及其实现 [J]. 教育与经济, (2): 33-36.

蔡迎旗, 冯晓霞. 2006a. 论中国幼儿教育财政投资体制的重构 [J]. 教育研究与实验, (2): 21-24.

蔡迎旗, 冯晓霞. 2006b. 我国幼儿教育财政体制的沿革与创新 (上) [J]. 学前教育研究, (1): 34-36.

蔡迎旗, 冯晓霞. 2006c. 我国幼儿教育财政体制的沿革与创新 (下) [J]. 学前教育研究, (2): 35-38.

蔡迎旗，冯晓霞. 2007. 政府财政投资幼儿教育的合理性——来自国外的教育经济学分析[J]. 比较教育研究，（4）：44-48.

蔡迎旗，冯晓霞. 2008. 政府财政投入公办幼儿园方式的选择[J]. 教育与经济，（1）：45-49.

曹大宏. 2006. 我国乡镇教育管理体制的历史变迁与当前应有的职能定位[J]. 当代教育科学，（21）：14-17.

曹杰. 2009. 广州市幼儿教育供给体系重构研究[D]. 广州：广州大学.

查尔斯·沃尔夫. 2009. 市场，还是政府——市场、政府失灵真相[M]. 陆俊，谢旭，译. 重庆：重庆出版社.

常健. 2007. 论政府责任及其限度[J]. 文史哲，（5）：147-154.

陈登福. 2010. 中国基础教育管理体制改革研究[D]. 武汉：武汉大学.

陈桂生. 2005. 关于教育管理体制改革问题[J]. 当代教育论坛，（5）：5-7.

陈汉宣，马骏，包国宪. 2011. 中国政府绩效评估30年[M]. 北京：中央编译出版社.

陈静漪. 2009. 中国义务教育经费保障机制研究——机制设计理论视角[D]. 长春：东北师范大学.

陈永明. 2003. 教育行政新论[M]. 上海：华东师范大学出版社.

陈永明. 2004. 发达国家教育管理体制的改革[J]. 比较教育研究，（1）：62-66.

陈振明. 2011. 公共服务导论[M]. 北京：北京大学出版社.

程方生. 2003. 学前教育体制改革的问题与思考[J]. 江西教育科研，（1）：41-43.

迟福林. 2004. "建设公共服务型政府——中国政府改革国际研讨会"开幕式主题演讲//中国（海南）改革发展研究院. 建设公共服务型政府[M]. 北京：中国经济出版社：1.

迟福林. 2006. 论"公共服务型政府"[J]. 理论参考，（6）：26-27.

储朝晖. 2007. 幼儿教育当前的问题与对策//杨东平. 教育蓝皮书——2006年：中国教育的转型与发展[M]. 北京：社会科学文献出版社：107.

褚卫中，褚宏启. 2007. "新公共服务"理念对当前我国基础教育管理改革的启示[J]. 中国教育学刊，（8）：5-7.

崔方方，洪秀敏. 2010. 我国学前教育发展区域不均衡：现状、原因与建议[J]. 教育发展研究，（24）：20-24.

崔永平，赵亮，王燕媚. 2009. 黑龙江省农村学前教育的问题与对策研究[J]. 黑龙江史志，（23）：2-3.

戴维·奥斯本，特德·盖布勒. 2006. 改革政府——企业家精神如何改革着公共部门[M]. 周敦仁等，译. 上海：上海译文出版社，12.

丹尼斯·C. 缪勒. 1999. 公共选择理论[M]. 杨春学，等，译. 北京：中国社会科学出版社.

杜育红，孙志军，等. 2009. 中国义务教育财政研究[M]. 北京：北京师范大学出版社.

樊丽明. 2005. 中国公共品市场与自愿供给分析 [M]. 上海：上海人民出版社.

范恒山. 2004. 政府职能转变与落实科学发展观 [J]. 环境经济，(7)：13-15.

范明丽，庞丽娟. 2013. 当前我国学前教育管理体制的主要问题、挑战与改革方向 [J]. 学前教育研究，(6)：3-7，48.

方钧君. 2007. 基于教育券思想的政府投资幼儿教育政策研究 [D]. 上海：华东师范大学.

冯晓霞，蔡迎旗，严冷. 2007. 世界幼教事业发展趋势：国家财政支持幼儿教育 [J]. 学前教育研究，(5)：3-6.

冯增俊. 2005. 市场机制引入与教育管理体制创新 [J]. 比较教育研究，(3)：61-65.

弗朗西斯·C. 福勒. 2007. 教育政策学导论 [M]. 许庆豫，译. 南京：江苏教育出版社.

甘露. 2006. 公立幼儿园管理中的问题与对策——深圳市南山区某公立幼儿园的个案研究 [D]. 长沙：湖南师范大学.

甘鹏. 2011. 县域学前教育管理机制研究——以广西F县为例 [D]. 南宁：广西大学.

高如峰. 2005. 对农村义务教育各级政府财政责任分工的建议方案 [J]. 教育研究，(3)：17-22.

高小平，王立平. 2009. 服务型政府导论 [M]. 北京：人民出版社.

格里·斯托克，华夏风. 1999. 作为理论的治理：五个论点 [J]. 国际社会科学（中文版），(1)：19-30.

龚怡祖. 2009. 当代教育行政原理 [M]. 北京：北京大学出版社.

桂磊. 2004. 关于财政性学前教育经费在幼儿园之间的分配问题 [J]. 学前教育研究，(3)：48-50.

郭巧丽. 2009. 幼儿教育发展中的政府财政投入问题研究 [D]. 长春：东北师范大学.

郭维平. 2007. 发达地区学前教育办学体制与管理模式的改革和发展——以浙江省嘉兴地区为例 [J]. 中国教育学刊，(5)：20-23.

郭芸芸. 2003. 发展西部农村学前教育的思考 [J]. 教学与管理，(5)：5-6.

国家教育督导团派出督查组. 2006. 幼儿教育专项督导检查公报//杨东平. 教育蓝皮书——2005年中国教育发展报告 [M]. 北京：社会科学文献出版社：291-294.

哈罗德·孔茨，海因茨·韦里克. 1998. 管理学 [M]. 张晓军译. 北京：经济科学出版社.

韩清林. 2007. 为儿童的终身幸福奠基 [M]. 石家庄：河北少年儿童出版社.

韩小雨. 2007. 制约我国学前教育城乡均衡发展的政策分析及对策研究 [D]. 北京：北京师范大学.

韩小雨，庞丽娟，谢云丽. 2010. 中小学教师编制标准和编制管理制度研究——基于全国及部分省区现行相关政策的分析 [J]. 教育发展研究，(8)：15-19.

何国宏. 2009. 论幼儿教育市场化与教育公平 [J]. 教育导刊（幼儿教育），(6)：4-7.

何鹏程，宋懿琛. 2008. 教育公共服务的理论探讨 [J]. 教育发展研究，(9)：39-43，48.

何幼华. 2007. 加强管理，推进学前教育事业健康发展［J］. 早期教育（教师版），（1）：8-10.

何幼华. 2010. 落实政府责任是学前教育健康发展的保障［J］. 学前教育研究，（5）：3-4.

赫广义. 2005. 中国纵向间政府"职责同构"模式解析［J］. 河南师范大学学报（哲学社会科学版），（3）：39-43.

洪秀敏，范明丽. 2011. 政府主导强力推进农村学前教育三年普及——河北省"三为主"学前教育发展模式的探索和启示［J］. 学前教育研究，（11）：12-16.

洪秀敏，庞丽娟. 2009. 学前教育事业发展的制度保障与政府责任［J］. 学前教育研究，（1）：3-6.

胡家勇. 2002. 一只灵巧的手：论政府转型［M］. 北京：社会科学文献出版社.

胡江波. 2002. 民办学前教育体制政策研究［D］. 武汉：华中师范大学.

胡平平. 2006. 农村义务教育管理体制探索［J］. 教育研究，（5）：7-9.

胡平平，张守祥. 2007. 农村义务教育投入保障机制及管理体制问题研究［M］. 北京：科学出版社.

胡仙芝. 2001. 从善政向善治的转变——"治理理论与中国行政改革"研讨会综述［J］. 中国行政管理，（9）：22-24.

湖南省行政管理学会. 2010. 深化行政管理体制改革与建设服务型政府［M］. 长沙：湖南师范大学出版社.

华国锋. 1979. 政府工作报告——一九七九年六月十八日在第五届全国人民代表大会第二次会议上［R］. 北京：人民出版社，6.

黄娟娟. 2005. 上海转制幼儿园管理体制与办园机制现状调研报告［J］. 教育发展研究，（6）：36-40.

黄霖. 2008. 远程教育管理概论［M］. 成都：天地出版社.

霍力岩，黄爽，陈雅川，等. 2013. 美、英、日、印四国学前教育体制的比较研究（上）［M］. 北京：北京师范大学出版社，109-110.

江芳盛，钟宜兴. 2006. 各国教育行政制度比较［M］. 台北：五南图书出版公司.

姜瑾. 2005. 新时期幼教管理工作：挑战与机遇同在——在全国幼儿教育工作研讨会上的讲话［J］. 幼儿教育，（1）：4-7.

姜素梅. 2008. 农村幼儿教育存在的问题及发展对策［J］. 成功（教育版），（12）：58.

金太军，赵晖，高鸿，等. 2002. 政府职能梳理与重构［M］. 广州：广东人民出版社.

经济合作与发展组织. 2002. 教育政策分析（1998）［M］. 刘明堂，译. 北京：教育科学出版社.

劳凯声. 2003a. 面临挑战的教育公益性［J］. 教育研究，（2）：3-9.

劳凯声. 2003b. 世纪之交的中国教育改革走向：教育与市场的关系问题［J］. 北京大学教育评论，（3）：10-16.

冷雄辉. 2009. 政府主导的需求诱致性制度变迁：一个理论假说[J]. 现代商业，（21）：208-209.

李爱良. 2006. 农村义务教育管理体制的困境与变革［J］. 教育发展研究，（9）：48-51.

李成威. 2006. 中国政府间职责划分的基本理论——单一中心与多中心之间的均衡［J］. 经济体制改革，（2）：7-11.

李和中. 2005. 中国政府公共权力实现的路径分析［J］. 政治学研究，（4）：83-87.

李红婷. 2009. 农村学前教育政策审视：期待更多关注［J］. 中国教育学刊，（5）：16-18，34.

李红婷，李红刚，杨学文. 2006. 湖南农村幼儿教育的现状与建议［J］. 湖南工业职业技术学院学报，（2）：120-122.

李辉. 2007. 展望内地幼教体制改革之路——从香港经验说起［J］. 幼儿教育（教育科学），（1）：1-7，26.

李娟. 2009. 试论教育券制度在我国农村幼儿教育中的应用[J]. 长沙师范专科学校学报,（3）：20-23.

李军鹏. 2003. 中国政府公共产品供给的国际比较研究［J］. 中国行政管理，（6）：51-58.

李军鹏. 2004. 公共服务型政府［M］. 北京：北京大学出版社.

李军鹏. 2010. 公共服务学：政府公共服务的理论与实践［M］. 北京：国家行政学院出版社.

李琳. 2011. 我国农村学前教育普及中的政府职责研究［D］. 北京：北京师范大学.

李琳，韩小雨. 2010. 省级统筹、治薄扶弱，推动学前教育事业快速发展——辽宁省政府促进学前教育事业发展的政策举措分析［J］. 学前教育研究，（8）：3-9.

李涛. 2009. 教育公共治理若干问题探析［J］. 教育发展研究，（8）：61-63.

李卫. 2004. 我国民办学前教育管理的问题及对策［D］. 长沙：湖南师范大学.

李文良. 2003. 中国政府职能转变问题报告［M］. 北京：中国发展出版社.

李向东. 2004. 农村幼教现状堪忧［J］. 湖南教育，（2）：8-9.

李亚东. 2007. 构建"政府管、学校办、社会评"教育管理新格局——兼论我国教育行政管理体制的创新［J］. 辽宁教育研究，（11）：24-27.

林海燕. 2007. 立足实际，建立有效管理机制推动农村学前教育事业持续发展［J］. 科技信息（学术研究），（2）：211.

刘复兴. 2003a. 公共教育权力的变迁与教育政策的有效性［J］. 教育研究，（2）：10-14.

刘复兴. 2003b. 教育政策的价值分析［M］. 北京：教育科学出版社.

刘复兴. 2007. 教育改革的制度伦理：教育公平与政府责任［J］. 人民教育，（11）：2-5.

刘复兴. 2008. 政府的基本教育责任：供给"公平"的教育政策［J］. 北京师范大学学报（社会科学版），（4）：5-10.

刘锦阳. 2018. 县域学前教育政府行政管理问题研究——基于对D市三个县级市的调查［D］. 大连：辽宁师范大学.

刘俊生. 2004. 论服务型政府的价值基础与理论基础[J]. 南京社会科学,（5）：52-57.

刘明远. 2005. 幼儿园教育纳入国民教育体系刍议[J]. 早期教育（教师版）,（6）：4-6.

刘明远, 张晖. 2006. 江苏幼儿教育事业发展与体制改革研究报告[J]. 幼儿教育（教育科学）,（5）：15-21.

刘强. 2009. 和谐社会背景下新农村幼儿园建设与机制保障研究[J]. 安徽农业科学,（16）：7696-7697, 7700.

刘文修. 1996. 教育管理学[M]. 石家庄：河北教育出版社.

刘焱. 2009. 对我国学前教育几个基本问题的探讨——兼谈我国学前教育未来发展思路[J]. 教育发展研究,（8）：1-6.

刘泽云. 2003. 西方发达国家的义务教育财政转移支付制度[J]. 比较教育研究,（1）：35-40.

刘占兰. 2009. 学前教育必须保持教育性和公益性[J]. 教育研究,（5）：31-36.

卢中原. 2007. 财政转移支付和政府间事权财权关系研究[M]. 北京：中国财政经济出版社.

吕达, 周满生. 2004. 当代外国教育改革著名文献（德国、法国卷）[M]. 北京：人民教育出版社：125.

吕苹. 2015. 学前教育公共服务体制的建构[D]. 杭州：浙江大学.

骆小燕. 2009. 规范农村学前教育管理 促进农村学前教育发展[J]. 家庭与家教,（1）：48-49.

马庆钰. 2005a. 公共服务的几个基本理论问题[J]. 中共中央党校学报,（1）：58-64.

马庆钰. 2005b. 关于"公共服务"的解读[J]. 中国行政管理,（2）：78-82.

马运瑞. 2007. 中国政府治理模式研究[M]. 郑州：郑州大学出版社.

迈克·富兰. 2008. 变革的力量——透视教育改革[M]. 中央教育科学研究所, 加拿大多伦多国际学院, 译. 北京：教育科学出版社.

蒙·科克伦. 2011. 儿童早期教育体系的政策研究[M]. 王海英, 等, 译. 南京：江苏教育出版社.

闵维方. 2005. 探索教育变革：经济学和管理政策的视角[M]. 北京：教育科学出版社.

闵维方, 杨周复, 李文利. 2003. 为教育提供充足的资源：教育经济学国际研讨会论文集[C]. 北京：人民教育出版社.

穆英琳, 徐书芳, 李世霞. 1999. 深化办园体制改革建立有效管理机制[J]. 学前教育研究,（2）：24-27.

尼古拉斯·亨利. 2002. 公共行政与公共事务[M]. 张昕, 等, 译. 北京：中国人民大学出版社.

宁本涛. 2010. 教育财政政策[M]. 上海：上海教育出版社.

庞丽娟. 2009a. 加快学前教育的发展与普及[J]. 教育研究,（5）：28-30.

庞丽娟. 2009b. 中国教育改革30年·学前教育卷[M]. 北京：北京师范大学出版社.

庞丽娟. 2011. 加快推进《学前教育法》立法进程 [J]. 教育研究, (8)：35-38.

庞丽娟. 2012. 政府主导创新体制——我国地方学前教育改革探索与政策启示 [M]. 北京：北京师范大学出版社.

庞丽娟, 范明丽. 2012. 当前我国学前教育管理体制面临的主要问题与挑战 [J]. 教育发展研究, (4)：39-43.

庞丽娟, 韩小雨. 2010. 中国学前教育立法：思考与进程 [J]. 北京师范大学学报（社会科学版）, (5)：14-20.

庞丽娟, 洪秀敏. 2012. 中国学前教育发展报告 [M]. 北京：北京师范大学出版社.

庞丽娟, 胡娟, 洪秀敏. 2002. 当前我国学前教育事业发展的问题与建议 [J]. 学前教育研究, (1)：40-42.

庞丽娟, 胡娟, 洪秀敏. 2003. 论学前教育的价值 [J]. 学前教育研究, (1)：7-10.

庞丽娟, 刘小蕊. 2008. 英国学前教育管理体制改革政策及其立法 [J]. 学前教育研究, (1)：32-35.

庞丽娟, 王红蕾, 贺红芳, 等. 2019. 加快立法 为学前教育发展提供法律保障 [J]. 中国教育学刊, (1)：1-6.

庞丽娟, 韦彦. 2001. 学前教育立法———一个重大而现实的课题 [J]. 学前教育研究, (2)：5-8.

任仕君, 孙艳霞. 2005. 义务教育发展指标预测研究 [J]. 教育科学, 21 (6)：10-13.

桑助来. 2009. 中国政府绩效评估报告 [M]. 北京：中共中央党校出版社.

沙莉, 庞丽娟, 刘小蕊. 2007. 通过立法强化政府在学前教育事业发展中的职责——美国的经验及其对我国的启示 [J]. 学前教育研究, (2)：3-9.

沙莉. 2013. 世界主要国家和地区学前教育法律研究及启示 [M]. 北京：光明日报出版社.

商红日. 2002. 政府基础论 [M]. 北京：经济日报出版社.

沈荣华. 2003. 政府机制 [M]. 北京：国家行政学院出版社.

沈荣华. 2007. 各级政府公共服务职责划分的指导原则和改革方向 [J]. 中国行政管理, (1)：9-14.

沈卫华. 2007. 英国地方教育当局的基础教育拨款制度探析 [J]. 外国中小学教育, (2)：56-60, 65.

石亚军. 2008. 中国行政管理体制现状问卷调查数据统计 [M]. 北京：中国政法大学出版社.

史慧中. 1999a. 新中国幼儿教育 50 年简史 [M]. 北京：中国学前教育研究所.

史慧中. 1999b. 中华人民共和国幼儿教育 50 年大事记（一）：社会主义改造时期的幼儿教育（上）[J]. 幼儿教育, (10)：4-5.

史慧中. 1999c. 中华人民共和国幼儿教育 50 年大事记（三）："文化大革命"时期的幼儿教育

[J]. 幼儿教育, (12): 13-15.

史慧中. 2000. 中华人民共和国幼儿教育有中国特色社会主义建设时期的幼儿教育（上）：50年大事记（四）[J]. 幼儿教育, (1): 14-16.

史万兵. 2005. 教育行政管理[M]. 北京：教育科学出版社.

史万兵. 2008. 高等教育行政管理体制深化改革研究[M]. 北京：教育科学出版社.

帅相志. 2006. 现代教育管理改革与发展[M]. 济南：山东人民出版社.

宋立. 2007. 各级政府事权及支出责任划分存在的问题与深化改革的思路与措施[J]. 经济与管理研究, (4): 14-21.

宋立, 刘树杰. 2005. 各级政府公共服务事权财权配置[M]. 北京：中国计划出版社.

宋卓雯. 2007. 从农村民办幼儿园教育现状浅析与政府利益矛盾关系——以东明县镇为例[J]. 法制与社会, (3): 567-568.

苏君阳. 2007a. 社会结构转型与教育公共性的建构[J]. 教育研究, (8): 34-38.

苏君阳. 2007b. 义务教育公共性的法律解读——《中华人民共和国义务教育法》修订后的思考[J]. 中国教育学刊, (3): 17-21.

孙纪贤, 张念芸. 1986. 北京市农村幼儿教育规划和设想的研究[J]. 北京师范大学学报, (5): 80-89.

孙美红, 张芬. 2010. 美国奥巴马政府高质量普及学前教育的政策特点[J]. 学前教育研究, (9): 9-15.

孙绵涛. 1998. 教育行政学[M]. 武汉：华中师范大学出版社.

孙绵涛. 2006. 教育体制理论的新诠释[J]. 教育研究, (12): 22-28.

孙绵涛, 康翠萍. 2006. 教育机制理论的新诠释[J]. 教育研究, (12): 22-28.

孙选中. 2008. 服务型政府及其服务行政机制研究[D]. 北京：中国政法大学.

汤敏轩, 李习彬. 2004. 政府公共服务职能的科学界定[J]. 国家行政学院学报, (5): 21-24.

汤啸天. 2006. 论服务型政府和公共产品提供[J]. 政治与法律, (6): 40-44.

唐娟. 2006a. 试论构建和谐社会对政府职能转变的要求[J]. 科技资讯, (31): 246.

唐娟. 2006b. 政府治理论[M]. 北京：中国社会科学出版社.

唐淑, 钱雨, 杜丽静, 等. 2009a. 中华人民共和国幼儿教育60年大事记（上）[J]. 学前教育研究, (9): 66-69, 71.

唐淑, 钱雨, 杜丽静, 等. 2009b. 中华人民共和国幼儿教育60年大事记（下）[J]. 学前教育研究, (10): 60-67.

唐铁汉. 2006. 深化行政管理体制改革的目标和主要任务[J]. 国家行政学院学报, (4): 9-11.

田华. 2006. 从新公共管理到新公共服务：服务型教育政府的构建[J]. 中国教育学刊, (8): 6-9.

王斌泰. 2003. 着力推进基础教育均衡发展[J]. 求是, (19): 50-52.
王国平. 2007. 政府转变职能的制约因素与路径选择[J]. 国家行政学院学报, (5): 14-17.
王海英. 2007a. "私益性"、"公益性"与"准公益性"——国家观念与市场逻辑互动下教育属性的演变[J]. 教育理论与实践, (8): 3-7.
王海英. 2007b. 学前教育还是"教育"吗——从深圳的公办园转企说开去[J]. 学前教育研究, (1): 6-10.
王海英. 2011a. "入园难"的原因和可能对策[J]. 幼儿教育(教育科学), (9): 1-5.
王海英. 2011b. 坚持政府主导的内涵、原则与可能的风险[J]. 幼儿教育(教育科学), (3): 1-6.
王化敏. 2001. 实行非公办幼儿教师社会养老保险制度迫在眉睫[J]. 人民教育, (6): 28-29.
王化敏. 2003. 关于幼儿教育事业发展状况的调查报告[J]. 早期教育, (5): 2-5.
王善迈. 1997. 社会主义市场经济条件下的教育资源配置方式[J]. 教育与经济, (3): 1-6.
王善迈. 2002. 市场经济中的政府与市场[M]. 北京: 北京师范大学出版社.
王晓辉. 2007. 关于教育治理的理论构思[J]. 北京师范大学学报(社会科学版), (4): 5-14.
王旭, 顾昕. 2006. 政府能力建设与公共服务的治理变革[J]. 学术月刊, (4): 25-29.
威廉·N. 邓恩. 2011. 公共政策分析导论[M]. 谢明, 伏燕, 朱雪宁, 译. 北京: 中国人民大学出版社.
魏春华. 2008. 这里的孩子也要享受优质教育的阳光——苏北农村幼儿教育现状调查与对策[J]. 中国农村教育, (2): 74-76.
魏杰, 王韧. 2006. "二元化"困境与中国的教育体制改革[J]. 学术月刊, (8): 22-27.
魏志春. 2001. 社会公益性与基础教育的深化改革[J]. 中国教育学刊, (4): 1-4.
邬志辉. 2004. 现代教育管理专题[M]. 北京: 中央广播电视大学出版社.
吴德刚. 1999. 中国教育发展地区差距研究——教育发展不平衡性问题研究[J]. 教育研究, (7): 22-26.
吴景松. 2008. 政府职能转变视野中的公共教育治理范式研究[D]. 上海: 华东师范大学.
吴志华. 2006. 行政体制改革与内动力[J]. 华东师范大学学报(哲学社会科学版), 38(3): 44-48.
吴志红, 冯大鸣, 周嘉方. 2005. 新编教育管理学[M]. 上海: 华东师范大学出版社.
夏婧, 张霞. 2010. 强化政府主导责任,大力推进学前教育三年普及——四川省学前教育普三政策探析[J]. 学前教育研究, (8): 21-26.
萧宗六, 贺乐凡. 2004. 中国教育行政学[M]. 北京: 人民教育出版社.
谢庆奎. 1998. 中国地方政府体制概论[M]. 北京: 中国广播影视出版社.
谢庆奎. 2003. 政治改革与政府创新[M]. 北京: 中信出版社, 2003.
谢庆奎. 2005. 政府学概论[M]. 北京: 中国社会科学出版社.

谢新观. 1999. 远距离开放教育词典［M］. 北京：中央广播电视大学出版社.

谢云丽. 2011. 农村学前教育管理体制研究：问题、改革探索与政策建议——以 A 县为例［D］. 北京：北京师范大学.

邢利娅. 1999. 新时期我国幼教行政管理的主要特征及分析［J］. 内蒙古师范大学学报（哲学社会科学版），（4）：64-69.

邢利娅，张燕. 2002. 幼儿教育管理理论和实践［M］. 北京：北京师范大学出版社.

徐程. 2006. 政府工具与政府治理——从工具视角看当代政府改革［D］. 厦门：厦门大学.

徐冬梅. 2013. 县域学前教育行政管理体制问题研究——基于对重庆市三个区县的调查［D］. 重庆：西南大学.

徐雨虹. 2007. 新制度经济学视角下的我国学前教育投资制度研究［D］. 上海：华东师范大学.

徐月宾，张秀兰. 2005. 中国政府在社会福利中的角色重建［J］. 中国社会科学，（5）：80-92.

许嘉璐. 1990. 中国中学教学百科全书·教育卷［M］. 沈阳：沈阳出版社.

许杰. 2004. 教育分权：公共教育体制范式的转变［J］. 教育研究，（2）：10-15.

许玉乾. 2010. 服务型政府的教育管理体制改革与创新［J］. 国家教育行政学院学报，（7）：16-21.

许志勇. 2001. 影响农村学前教育发展的主要因素分析［J］. 学前教育研究，（2）：34-35.

薛文娟. 2010. 教育行政机构对民办幼儿园管理的研究——以武汉市 C 区为例［D］. 武汉：华中师范大学.

阎晗. 2008. 西部农村地区学前教育经费短缺的原因及对策分析［J］. 当代教育论坛，（11）：19-21.

阎水金，张燕. 2003. 学前教育行政与管理［M］. 长春：东北师范大学出版社.

杨兵. 2008. 城乡统筹与我国农村幼儿教育发展［J］. 教育导刊，（9）：12-16.

杨东平. 2012. 中国教育发展报告（2012）［M］. 北京：社会科学文献出版社.

杨冬梅，李辉，戴明丽. 2011. 强化政府主导，创新体制机制——山东省大力推进农村学前教育普及的经验与启示［J］. 学前教育研究，（11）：17-22.

杨冠琼. 2000. 政府治理体系创新［M］. 北京：经济管理出版社.

杨冠琼，蔡芸. 2011. 公共治理创新研究［M］. 北京：经济管理出版社.

于冬青. 2005. 幼儿教育事业发展现状分析及相关建议［J］. 学前教育研究，（11）：27-29.

俞可平. 2000. 治理与善治［M］. 北京：社会科学文献出版社.

虞永平. 2007. 试论政府在幼儿教育发展中的作用［J］. 学前教育研究，（1）：3-6.

袁连生. 2001. 建立规范的义务教育财政转移支付制度［J］. 国家高级教育行政学院学报，（6）：28-35.

袁连生. 2003. 论教育的产品属性、学校的市场化运作及教育市场化 [J]. 教育与经济，(1)：11-15.

袁连生. 2009. 我国政府教育经费投入不足的原因与对策 [J]. 北京师范大学学报（社会科学版），(2)：5-10.

曾国. 2005. 我国学前教育法规与政策的缺失和对策研究 [J]. 教育探索，(2)：63-64.

曾伟，罗辉. 2006. 地方政府管理学 [M]. 北京：北京大学出版社.

曾晓东. 2005a. 供需现状与中国幼儿教育事业发展方向——对我国幼儿教育事业的经济学分析 [J]. 学前教育研究，(1)：5-10.

曾晓东. 2005b. 转型期我国幼儿教育发展的体制问题 [J]. 幼儿教育（教育教学），(3)：4-6.

曾晓东. 2005c. 对幼儿教育体系的经济学分析 [J]. 山东教育（中学刊），(5)：4-5.

曾晓东. 2006a. 我国幼儿教育体制改革的困难和可能选择 [J]. 教育导刊，(1)：7-11.

曾晓东. 2006b. 幼儿教育的财政投入体制改革亟需理性设计 [J]. 幼儿教育（教育科学），(10)：1-4.

曾晓东，范昕. 2009. 建国 60 年来我国学前教育财政制度改革研究 [J]. 幼儿教育（教育科学），(10)：1-5.

曾晓东，张丽娟. 2007. OECD 国家早期教育与服务财政支出研究 [J]. 比较教育研究，(11)：55-59.

曾治. 2008. 服务型政府构建与政府治理模式转变研究 [D]. 大连：辽宁师范大学.

詹姆斯·N. 罗西瑙. 2001. 没有政府的治理 [M]. 张胜军，刘小林，译. 南昌：江西人民出版社.

张爱勤. 2003. 民办幼儿园与地方教育行政机关关系的研究 [D]. 上海：华东师范大学.

张博. 2003. 学前教育事业管理亟待加强 [J]. 幼儿教育，(6)：20-21.

张成福. 2000. 责任政府论 [J]. 中国人民大学学报，(2)：75-82.

张复荃. 1988. 我国教育管理体制改革初探 [J]. 中国教育学刊，(5)：52-55.

张焕庭. 1989. 教育辞典 [M]. 南京：江苏教育出版社.

张霞，夏婧，杨冬梅. 2010. 强化政府职责，加大财政投入，推进农村学前教育普及——来自浙江省的经验及其启示 [J]. 学前教育研究，(8)：10-15.

张燕. 1995. 学前教育管理学 [M]. 北京：北京师范大学出版社.

张燕. 2004. 社区教育与幼教管理体制改革 [J]. 学前教育研究，(1)：49-50.

张燕. 2012. 学前教育管理学 [M]. 北京：北京师范大学出版社.

张振改. 2008. 从政府治理工具的视角分析我国幼儿园转制的正当性与合理性 [J]. 学前教育研究，(7)：3-6.

赵爽. 2006. 转型期中国教育制度建设中的社会结构障碍研究——以农村义务教育管理体制

改革为例 [J]. 当代教育科学，（20）：38-42.

赵银生. 2008. 试论我国基层教育局长的专业化 [J]. 中小学管理，（6）：4-6.

赵中建，马开剑. 2004. 教育管理体制改革的基本框架 [J]. 教育发展研究，（12）：9-12.

赵紫阳. 1982-12-14. 关于第六个五年计划的报告 [N]. 人民日报，第 1 版.

浙江财经学院，中国（海南）改革发展研究院. 2007. 中国：政府管制体制改革 [M]. 北京：中国经济出版社.

珍妮特·V. 登哈特，罗伯特·B. 登哈特. 2004. 新公共服务：服务，而不是掌舵 [M]. 丁煌，译. 北京：中国人民大学出版社.

郑美玲. 1992. 国际学前教育机构与管理体制综述 [J]. 上海教育科研，（6）：15-17.

郑名，刘轶. 2004. 西北贫困地区农村幼儿教育经费管理模式探析 [J]. 学前教育研究，（11）：49-50.

郑石桥，马新智. 2004. 管理制度设计理论与方法 [M]. 北京：经济科学出版社.

中国（海南）改革发展研究院. 2010. 中国政府改革路线图 [M]. 北京：世界知识出版社.

中国学前教育发展战略研究课题组. 2010. 中国学前教育发展战略研究 [M]. 北京：教育科学出版社.

中国学前教育研究会. 1999. 中华人民共和国幼儿教育重要文献汇编 [M]. 北京：北京师范大学出版社.

周红. 1999. 实行归口管理确立幼教改革的制高点 [J]. 学前教育研究，（2）：32-33.

周建平. 2012. 从"镇为主"到"县为主"：农村学前教育管理体制的变革——基于对 A 县学前教育发展状况的调查 [J]. 教育发展研究，（20）：18-21.

周永明. 2007. 政府公共管理理念下的幼儿教育体制创新 [J]. 上海教育科研，（1）：81-82.

周永明，林佩玲. 2010a. 宁波学前教育事业发展的制度设计（上）[J]. 学前教育研究，（2）：3-9.

周永明，林佩玲. 2010b. 宁波学前教育事业发展的制度设计（下）[J]. 学前教育研究，（3）：8-14.

周振超. 2009. 当代中国政府"条块关系"研究 [M]. 天津：天津人民出版社.

周志忍. 2006. 新时期深化政府职能转变的几点思考 [J]. 中国行政管理，（10）：14-18.

朱德米. 2004. 网络状公共治理：合作与共治[J]. 华中师范大学学报（人文社会科学版），（2）：5-13.

朱广忠. 2007. 我国政府在公共事业管理中的主体职责 [J]. 中国行政管理，（9）：52-55.

Blau D M. 2001. The Child Care Problem: An Economic Analysis [M]. New York: Russel Sage Foundation.

Boocock S S. 1995. Early childhood programs in other nations: Goals and outcomes [J]. The Future of

Children, Winter: 94-114.

Buchanan J M, Robert D. 1972. Theory of Public Choice: Political Applications of Economics [M]. Washtenaw County: University of Michigan Press.

Cochran M. 1993. International handbook of child care policies and programs [J]. International Labour Review, (3): 422-423.

Department for Education and Skills. 2011. Early years foundation stage: Direction of travel paper [J]. Doklady Earth Sciences, 437 (1): 396-400.

Dilulio J J, Garvey G, Kettle D F. 1993. Improving Government Performance: An Owner's Manual [M]. Washington: Brookings Institution Press.

Kettl D F. 2000. The Global Public Management Revolution: A Report on the Transformation of Governance [M]. Washington: Brookings Institution Press.

Kooiman J. 1993. Modern Governance: New Government-Society Interactions [M]. London: Sage Publications.

Lindahl E. 1958. Just Taxation-A Positive Solution//R. A. Musgrave, A. T. Peacock (eds), Classics in the Theory of Public Finance. International Economic Association Series [C]. London: Palgrave Macmillan.

Linder S H, Peters B G. 1989. Instruments of government: Perceptions and contexts [J]. Journal of Public Policy, 9 (1): 35-58.

Odden A R. 2000. School Finance: A Policy Perspective [M]. Boston: McGraw-Hill.

OECD. 2006. Starting Strong II [M]. Paris: OECD Publishing.

Pierson P. 2000. Increasing return, path dependence and the study of politics[J]. American Political Science Review, 94 (2): 251-567.

Salamon L M, Elliott O V. 2002. The Tools of Government: A Guide to the New Governance [M]. New York: Oxford University Press.

Schorr L. 1988. Within Our Reach: Breaking the Cycle of Disadvantage [M]. New York: Anchor Press/Doubleday.

Wayne S J. 2004. Is This Any Way to Run a Democratic Government [M]. Washington: Georgetown University Press.

后 记

曾经无数次在心中勾画自己写后记时的场景和心情。当最后掩卷搁笔，真正坐在电脑前敲下"后记"二字的那一刻，才深刻体味到这样浓浓的感念与不舍。一路走来，衷心感谢始终支持我的良师、益友和家人！

"学为人师，行为世范。"北京师范大学的校训很早就印刻在了我的心中。对于一名教育工作者而言，北京师范大学是一个多么令人向往的神圣之地；对于一名学前教育工作者而言，庞丽娟教授又是一个多么崇高的人物。2010年，蒙庞老师不弃，我有幸进入北京师范大学，进入庞老师门下学习，初探学前教育政策研究门径。庞老师总是能够润物细无声地把成长的种子播撒进学生的心田，她不仅有丰富的学识、深厚的研究功底，还有严谨的治学态度、不倦的求真精神，更有崇高的人格品质和高度的社会责任感。"多思考、勤践行、有定力、成大我"，庞老师对学生的关爱和期许是发自内心的、自然而然的，当然，她也得到了学生的拳拳之心。没有庞老师的引领和信任，我不可能涉足学前教育政策领域的研究；没有庞老师从选题到研究设计的悉心指导、一次又一次的讨论、一稿又一稿的审阅和批改，我的博士论文不可能面世。衷心感谢我的老师！在未来的学术道路上，我会带着她的关爱和期许前行，争取做一个"立着的、大写的人"，做一个有社会责任感的学前教育研究者！

在研究过程中，我有幸得到来自很多机构和良师益友的无私帮助。衷心感谢国家发展改革委、教育部，以及北京、河北、山东、湖南、辽宁、安徽、陕西、天津等地的教育、财政、建设、国土等相关部门的领导和负责同志，感谢他们在论文数据收集过程中给予的大力支持，以及在研究过程中提供的宝贵资料和线索。特别感谢潍坊市教育局的郝德阳科长和株洲市教育局的夏云飞科长，他们来自学前教育行政管理一线的经验和智慧深深感染了我。由衷感谢保定市教育局基础教育处的吴桂兰处长，我们通过调研结识，共同的兴趣和话题逐渐让她变成了我的"兰姐",甚至成为生活中无话不谈的好朋友。衷心感谢在调研和工作中结识的各地幼儿园园长和老师,他们是撑起学前教育事业发展的最根本力量,是真正存在于民间的英雄!

行至今日,感激、感谢的人很多,谨以本书献给所有关心、爱护、支持和帮助过我的人,以此表达我对他们衷心的感谢和深深的祝福!让我们一路且歌且行,踏实过好每一天!

范明丽